2016年度江苏省社会科学基金项目
项目编号16TYB005

生命安全教育视域下江苏省青少年应急体育构建及实施路径研究

王晓 著

山西出版传媒集团
SHANXI PUBLISHING MEDIA GROUP
山西经济出版社

图书在版编目(CIP)数据

生命安全教育视域下江苏省青少年应急体育构建及实施路径研究 / 王晓著. -- 太原：山西经济出版社，2023.7

ISBN 978-7-5577-0277-9

Ⅰ.①生… Ⅱ.①王… Ⅲ.①青少年－体育教育－教育研究－中国 Ⅳ.①G812.45

中国版本图书馆CIP数据核字(2023)第130147号

生命安全教育视域下江苏省青少年应急体育构建及实施路径研究

SHENGMING ANQUANJIAOYU SHIYU XIA JIANGSUSHENG QINGSHAONIAN YINGJITIYU GOUJIAN JI SHISHI LUJING YANJIU

著　　者： 王　晓
出 版 人： 张宝东
选题策划： 吕应征
责任编辑： 司　元
助理责编： 岳子璇　丰　艺
装帧设计： 王　谦

出 版 者： 山西出版传媒集团·山西经济出版社
地　　址： 太原市建设南路21号
邮　　编： 030012
电　　话： 0351—4922133（市场部）
0351—4922085（总编室）
E－mail： scb@sxjjcb.com（市场部）
zbs@sxjjcb.com（总编室）

经 销 者： 山西出版传媒集团·山西经济出版社
承 印 者： 山西万佳印业有限公司

开　　本： 710 mm × 1000 mm　1 / 16
印　　张： 10
字　　数： 154千字
版　　次： 2023年7月　第1版
印　　次： 2023年7月　第1次印刷
书　　号： ISBN 978-7-5577-0277-9
定　　价： 98.00元

前 言

伴随改革开放进程的日益加速，我国生产力相较于之前而言有了巨大的进步和成长，在这个基础上我国的文明进程也得到了快速的进步，人们不论是在生活质量还是在生活水平方面都有了巨大的飞跃，城市公共场所的设施更新越来越快，公共场所内人群密集度高，潜在的危险隐患更多，突发性事件和不确定因素大量存在。除此之外，省会生存环境以及生态环境在持续的恶化，不同类型的危险事故以及自然灾害发生的日渐频繁。当这些突发事件摆放到人们面前的时候，人们一般表现出现的状态就是“束手无策”，这就使得人们自身的生命安全以及财产安全受到了很大的损失和威胁。从教育发生学的观点看，教育因生命而发生，教育的本质是关注人的生命的发展，当前的学校教育现实表明，青少年学生依然被“升学压力”“教师权威”“学科本位”“智育第一”等几座大山所“压迫”，造成学生身体素质的明显下滑，身体素质差的学生数量越来越多，面对危险来临时，学生会陷入无力抵抗的尴尬局面。

通过详细地阅读《中华人民共和国突发事件应对法》的内容可以发现，在第二章第三十条就详细规定学校的应急知识教育义务包括：各级各类学校应当把应急知识教育纳入教学内容，对学生进行应急知识教育，培养学生的安全意识和自救与互救能力，教育主管部门应当对学校开展应急知识教育进行指导和监督。截至现在管理者以及科学家的观点是灾害管理不单单需要关注灾后措施，同时最为关键的是要做好相关的灾前预防任务。而应急体育的创新正是基于此发展而来。

作为在教育领域领先全国其他省（市）的江苏，应结合自身整体形势积极探索人类体育生命诉求，把推进青少年综合健康发展作为未来工作的重点，创建三维价值观，积极应对诸如自然灾害、暴恐事件、生活避险、社会突发事件、意外事故、人为侵害等，并在实践方面提出对策，建立“家庭—社区—学校—社会”四位一体的联动机制，切实推进青少年综合健康的可持续发展，紧抓生命安全诉求下的运动教育价值与联动机制的契合，倡导“应急体育”理念，抵抗未知因素，学会应急避险，完成江苏青少年综合健康发展的时代课题和使命。

2016年3月，我们决定在江苏省开展青少年“应急体育”构建及研究。2016年11月，“生命安全教育视域下江苏省青少年应急体育构建及实施路径研究”被批准为江苏省社会科学基金项目，获准立项。经过四年的辛勤研究，课题组完成了研究计划的所有内容，成果丰富，并发表相关高水平论文1篇；在《体育科技文献通报》2019年第27卷第12期发表了《中学生应急体育发展现状研究》的文章。

本课题以“应急体育”为研究对象，以生命安全诉求为出发点，通过多项对策研究切实推进江苏青少年综合健康可持续发展。我们做该课题的初衷一方面是因为问题的严重性和紧迫性，另一方面是可以通过创新应急体育理念，推进我省青少年综合健康事业发展，维系生命个体科学发展，促进社会和谐稳定。

本书由南京理工大学王晓副教授担任主编，朱继华、张怡、张红兵、马行风、张睦涵、于蕾等人参加调研工作及编写具体章节。在此，特别感谢各位领导和专家们对江苏省青少年应急体育研究的关心和大力支持，编者水平有限，如有遗漏、不恭之处，恳请谅解。

著　者

2020年8月20日

目 录

第1章 导 论

1.1 研究背景

1.1.1 生命安全教育是“以人为本”的核心价值体现

在当今社会发展之中其基础的价值观念以及核心思想就是“以人为本”，强调要把人作为教育目的之根本所在，教育应与人的自由、幸福联系起来,以人文精神培养现代人，将人的生存发展作为最高的价值目标。教育哲学家李石岑所说，教育的目的和功能就是提升人的境界。教育学者袁贵仁曾经说过:“生命不保，何谈教育”，这句话道出了生命安全教育的真谛。因此，有关认识生命、爱护生命、提高生存技能等理论随之成为当下的研究热点。但我们现有的教学科目，主要聚焦在社会安全、环境安全和生产安全等领域，涉及人身安全教育等方面的教学内容尚未完善。青少年人身安全与家庭幸福、学校发展、社会稳定息息相关，开展生命安全教育其最为基础的核心价值就是“以人为本”，是现代社会教育和学校课程建设的体现。针对青少年进行生命安全教育，最重要的是要对青少年学生各方面的素质、技能进行全方位培养。比如包括生活技能、安全技能、运动技能等。从根本上来看，生命安全教育体现的是人类社会对于生命的尊重和重视。

1.1.2 生命安全教育已成为教育改革课程的重要内容

在不断恶化的自然环境和复杂多变的社会环境中，生命安全教育不断吸引着世界各地教育界的关注，生命安全教育课程已成为全球教育改革中课程发展的需求和趋势。近年来，在西方一些比较发达的国家，校园恶性枪击事件频发，而在亚洲地区也发生了多起由于海啸、地震所引起的青少年伤亡事件。这些青少年伤亡事件的发生，在全世界范围内都引起了热烈的讨论，各国政府、教育部都高度关注与重视此类事件。并且为此制定出了一系列与青少年安全有关的法规、条例，比如包括有：《学生伤害事故处理办法》、《校车安全管理条例》、《中学幼儿园安全管理办法》等。即便以上阐述的法规制度的推进，让学生安全管理实现了有章可循的目标。而且这些法规制度所涉及的领域是非常全面的，包括学生安全、校园管理等。可是，在实际校园管理的过程当中，依然存在着不少问题。比如，校园安全教育方法和内容过于单一，缺乏长期预防机制等。在经历了许多痛苦的教训之后，教育机构和学术界开始认真考虑并整合生命安全教育课程和教学体系。目前，有诸多专家学者们都针对现阶段生命安全教育课程及其具体实践进行了深入的研究和探索。

1.1.3 生命安全教育为学校体育改革提供新的研究思路

当我国开展实践教学活动的时候，其通常情况下生命安全教育的开展基本上都是基于学校体育教学课程的基础上进行的，并且与体育教育进行了有机的结合，将体育教育的重要作用充分地发挥出来。体育教育以及安全教育，这两种教育之间是相互渗透、兼容互补的关系，一同打造学校安全和体育的教学体系。在体育课程里面添加生命安全教育的相关课程，将两者有机结合在一起，相得益彰。随着体育课程的改革不断深入，学校对于体育教育目标也有了更加清晰且深刻的认知。体育教育的目标应当是不断提升广大学生们的身体素质，增强学生们的社会适应性，强调并重视学生们的生命价值。将体育教育、生命安全教育的理论与实践进行有机地整合，以全新的教学模式展开体育教学。在当前的时代下，将体育价值的广度和深度提升上来，这样能够同人类生命发展愿景相吻合，把生命安全教育纳入体育课程体系当中，从而可以帮助青少年更好地实现全面发展、综合发展。

1.2 研究目的及意义

1.2.1 研究目的

1.2.1.1 体育课程中应融入应急避险教育

我国对于学生的应急避险教育是相对较少的，有些学校甚至根本没有进行任何的应急避险教育。但从另一个方面看，我国学生们对于突发危机事件的应对和处理能力是比较差的。根据相关统计数据资料能够看出，在我国每年都会出现一大部分的学生存在非正常死亡的情况，其人数一般在160000人上下波动，也就是说平均每天大概有40个学生是非正常死亡的。若是学生们都可以掌握一定的应急避险能力，则有80%的危机事故是可以有效避免的。因此，不断加强学生们的安全意识、危机意识，不断提高学生们的应急避险能力与自我保护能力，学校体育课是对学生们进行应急避险教育的最好的载体之一。通过科学高效的体育课程教育，不但能够帮助培养学生的多方面的能力与习惯，而且还可以使学生们各方面的意识都得到强化和提升，主要包括珍爱生命的意识、冷静思考的能力、应急避险的技能、健康的生活方式等。对于广大教育工作者而言，这是一项兼具理论意义与现实意义的研究课题。

1.2.1.2 体育教学中探索学生应急避险教育的培养

1999年6月13日，中共中央、国务院作出《关于深化教育改革全面推进素质教育的决定》，这部文件当中明确提到了学校教育最主要的指导思想是健康第一。这种健康不单单是指生理层面的健康，还包括了心理层面的健全。施行素质教育的最主要的目标就是确保学生自身的身体健康以及心理健全。假如学生本身的身体素质不强或者是心理素质比较弱的情况下，此时对其自身的素质教育就无法有效地展开与施行。国家颁发的一系列相关文件以及制定的一些法律法规，都提到了要把安全教育正式纳入学校教育当中去。

学校体育教学课程可以培养学生们的运动技能，从而让学生实现全方位综合发展。在学校体育课程中添加应急避险教育，具有较强的现实意义。一方面，其可以最大程度地提升学生的身体素质以及运动素质。另一方面，还可以培养学生们的生命安全意识，教会学生们正确地理解和应用应急避险技能。当学生们遭遇危机时，就可以使用在学校体育课程当中学会的应急避险知识、技能进行正确的求救以及逃离。整体上来讲，将学校体育课程之中添加应急避险知识和技能教育是非常重要的，也是非常有用的。

1.2.2 研究意义

截至目前，全球范围内的科学技术仍不断飞速发展，当前的知识经济相较于之前而言逐步明显，我国的竞争实力也在日益攀升。当前，很多人都非常关注我国的综合实力，但是需要知道的一点是在这个其中起到基础作用的就是教育，我国整体实力的强弱在很大程度上是由劳动者自身的素质决定的，其主要取决的是不同类型人才的数量和质量，这就使得我国步入21世纪之后在我国人才教育方面需要提出更高的要求和标准。就当前情况来看，我国已经步入了现代化建设以及市场经济体制发展最为核心和关键的时间段。新中国成立以来，尤其是改革开放以来，我国教育事业的发展以及改革工作都取得了很大的进步。可是在当前的形势下，由于诸多主观及客观因素，我国的教育结构、教育体制以及教育观念相较于国外发达国家来讲都是比较落后的，这在很大程度上对青少年的发展造成了影响，其同我国国民素质有关的标准也是不相适应的。站在全社会甚至全国的层面上来讲，应将关注的目光放到民族复兴以及国家事业兴旺发达的目标上，深入学习贯彻习近平新时代中国特色社会主义思想和党的十九大精神，不断深化教育改革，持续推进素质教育，为创建一个具有我国特色的教育体系奠定坚实的知识以及人才基础。

在大数据的时代背景下，江苏作为人口教育大省在个体生命安全教育方面担负重大责任。人们本身所固有的自然本能在持续地消失，并且人们的应急能力和生命安全防护能力在持续地弱化，而现在人们所处的社会中不论是社会危机还是自然危机都处于频发阶段，个人的生活中也会发生很多意想不到的灾难。我国学生体育教育指导思想倾向于全面素质教育，但学校应急教育部分是缺失的。当前，人们主要倡导的教学指导思想就是以“健康第一”为主，这个思想也为我国实行素质教育奠定良好的基础。站在我国当前教育领域的层面上来讲，其主要强调的是“运动技能教育”以及“体质教育”，通常都是将关注点放到单纯的“运动技能”的层面上来看。并且通过观察我国学校体育教育的工作来看，其通常都是将工作的重点放到传统体育教学模式上，当前的体育教学工作还是基于传统教学的方式来完成的，在这个过程中绝大部分的老师都是非常关注“安全”的，基于这个原因很多老师都不支持学生发挥其自身的主观能动性，这样的情况下就使得学生本身的学习范围受到了限制，最终使学生自身对于体育的学习热情减少。重视“以增强体质为主”为基础的传统体育教学观念，其在本质上并没有达到对学生的社会层面或者是心理层面的关怀，这样就导致体育课程走入了较为单一的模式中去。在这个基础上所开展的体育课程其本身并非同人文主义精神相适应，同时也不具备时代精神。即便当前我国很多学校都意识到了安全教育的重要性，可是绝大部分的教学内容依旧是处于理论层面，这样就使得学生本身的实践经验缺少，因此假如学生出现问题的时候就会显得不知所措，其根本不会运用自己所学的知识来逃生，从而使得事故的出现概率变大。尽管造成事故的原因千差万别，然而产生的事件会出现一个相同的特性，那就是当人们遇到突发事件时，一味地感到恐惧和害怕，不知道如何正确地、有效地自我保护。比如，2008年5月12日这一天对于全国人民都是记忆深刻的一天，在这天里发生了震惊世界的汶川大地震，这场灾难之中的死亡人数已经到达了69227人，而以上所公布的人数之中并不含失踪和受伤的人数。在这场地震中无数的学校夷为平地，但是在这场灾难之中有一个学校是非常特殊的，那就是桑枣中学，该学校的学生伤亡人数是0，深入地了解原因，可以看出其主要是由于该学校在每年都会展开安全演习；2008年11月14日，上海商学院的某女生宿舍产生了火灾，在面对火灾的时候宿舍里面的4名女大学生第一反应就是从6楼跳下，最后造成4人全都死亡；在2014年的最后一天，上海外滩出现了严重的踩踏事故，其中有36人在这场事故中死亡，而死亡人数中占据最大比重的就是大学生。以上所阐述的这些事故出现之后，不仅使无数的家庭受到了巨大的创伤，同时也使社会遭到了巨大的冲击。可以猜想一下，假如事件过程中的伤员或者是遇难者在面对火灾、地震、新型网络诈骗等突发事件时，清楚地知道应该采用什么样的方式来获得他救以及自救，同时懂得如何将所学习到的避险技能和知识进行熟练的使用，这样就可以确保学生能够在最短的时间内到达安全地带。

截止到现在，我国的学校体育改革在持续地发展和深化，因此越来越多的学校都非常关注体育人才的培养，在这个背景下也对于教育提出了更高的要求和标准。现在对于体育教育的育人以及教化功能，也逐步地返回到增强体质和健康第一以及人格完善的层面上。借助体育的方式可以将生命安全教育课的技能和知识有效地融合在一起。如果想确保生命的过程得到完善，同时确保运动能力得到提升，那么最为有效的方式就是围绕体育教育的方式展开。基于此，站在体育课程改革的立场上来讲，学校体育课程目标主要是站在让学生得到健康和运动效益的层面上来讲的，并且也是为了将学生的体质得到提升，除此之外，也能够同社会适应能力的标准相适应，其非常重视的问题就是学生自身的成长，并且也关注学生未来的生命价值。学校借助体育课的方式来开展自救以及自护等方式，这样能够在很大的程度上同社会发展相一致，同时也能够很好地将“以人为本”的思想体现出来。当学生的身体素质良好且具备较强的心理素质以及应急避险知识的时候，才能够确保自身的财产和生命安全得以保护。不论是我国国务院抑或是党中央，都非常关注学生应急能力以及安全知识水平的提升。当体育课程开展过程中遇到某些问题或者是突发状况的时候都能够在最短的时间内处理完善，并且采用有效的方式将他人或者是自身进行保护。所以，站在该问题的层面上来讲，学校在新时期复杂的社会形势下，对传统的体育教育进行改革和创新，全面推进素质教育，需要面向所有学生，并且对学生的教育规律以及身心发展特点进行评估，使学生未来朝向积极主动以及生动活泼的方面上进步和发展。当前，江苏省推进青少年综合健康发展的研究应该积极紧跟社会发展，以生命安全诉求的满足为己任，填补应急能力提升的“洼地”，而构建系统的应急体育体系和高效的联动运行机制是解决这一问题的必由之路。本课题通过聚焦青少年综合健康和生命安全诉求两大社会热点，设计基于“家庭—社区—学校—社会”四位一体的联动机制、构建基于生命安全诉求的应急体育体系、分析青少年综合健康发展的绩效管理机制等，对促进江苏省青少年综合健康的可持续发展，具有重要的理论价值。

通过研究自然灾害、暴恐事件、生活避险、社会突发事件、意外事故、人为侵害特征，分析生命安全诉求下的运动教育价值与联动机制的契合的要求，构建基于“应急体育”理念的应急体系，并就该体系实施路径以及关键环节进行深入的研究，提出相关建议，对推进江苏省青少年综合健康事业的快速发展，促进社会稳定和谐，具有重要的理论意义与实践价值。

1.3 研究方法

1.3.1 文献资料法

本书通过以青少年安全教育、应急避险能力、应急避险技能、突发事件、学校体育教学等词语作为关键词，查阅国内外报纸、杂志、各类期刊、全网数据库、论文数据库以及有关的书籍完成相应的文献资料检索工作，同时针对所得到的资料进行详细的总结以及整理，在这些资料之中将有关的应急避险教育内容筛选出来。以上所罗列的数据能够帮助本人在本论文的写作过程中奠定有效的理论基础以及参考依据，同时所得到的文献数据和资料能够对接下来的研究奠定良好的基础支持和理论依据。

1.3.2 问卷调查法

将研究区域定位在我国江苏省，并且针对所有的高校在校学生推送网络问卷，调查大学生开展应急避险教育的现状与态度等。这些所有的问卷之中有效回收的问卷数量达到了1449份，在这里面男生所占据的数量达到了693份，而女生的数量是756份，本次对于所得到的数据和资料进行搜集和整理分析所采用的工具是问卷星。对中学生发放（纸张）问卷数量总共是200份，回收的有效问卷数量是190份。社区居民发放网络问卷，调查社区居民应急体育现状、应急避险能力及防风险能力等，回收有效问卷220份。

1.3.2.1 问卷信度检验

为了能够最大程度地确保本次问卷所调查结果是具备信度的，其主要采用的是重复检验法来验证问卷信度。在面对相同问卷的时候，相同的对象基于差异化时间下完成的二次问卷调查。这样能够对于问卷信度进行检测。主要是由于本次研究过程中推送出的问卷总数是比较大的，因此采取随机方法选择了其中的80位调查对象参与完成二次问卷调查。经过其获得的问卷信度检验结果可以看出，以上所阐述的两次问卷结果对应的相关系数$r>0.85$，这样就能够证明两次问卷调查相对应的相关度是比较高的，也可以证实此次问卷调查可信度是比较高的。

1.3.2.2 问卷效度检验

为保证调查问卷的表面效度与内容效度，此次研究针对问卷进行信效度分析。本研究在阅读相关文献、对学生进行半结构化访谈、与课题组成员多次讨论、进行专家访谈的基础上，完成问卷预调查，分析数据后修改有关题项，并由专家进行评分，结果如表1–1所示。

表1-1 问卷效度检验表（N=6）

评价内容	合格	基本合格	不合格
问卷内容评价	3	3	0
问卷结构凭借	4	2	0

1.3.3 数理统计法

对所有的问卷调查数据是基于之前的问卷星系统之中完成相关的分析，其获得的实践研究数据都是使用SPSS以及Excel软件完成平常的数据统计整理和分析工作，同时也产生了相关联的图表，这样为本论文的分析和研究奠定基础。

1.3.4 个案分析法

（1）在本次的研究以及分析过程中将选择的范围定位在南京理工大学体育选修课上，并且对其健美操大一的学生进行观察，其中涉及的学生人数总计达到76人，在这里总计设定两个班，首先是实验组，这里的人数达到了37人，其次是对照组，总计的人数达到了39人。参照教学大纲的基础上确定有关的教学目标从而详细地开展教学实践活动，在体育教学课程中添加急救常识和避险知识等内容，由此也达到了实践和理论相结合的目的。同时为了能够将实践做好，在课程中规划30分钟的时间来开展演习工作，这样才能够确保学生可以将所学到的知识充分地利用起来。对照组进行常规教学，未纳入应急知识教学内容。

（2）以南京市弘光中学学生、南京理工大学普通在校学生作为个案，对应急体育课程进行了全面地实地调研和分析。与此同时，还作为上述两个学校的安全教育外聘专家组成员参与了实际教学工作当中。在教学实践过程中和学校的管理层、教师、学生、家长等都进行了深入的沟通和交流。

1.3.5 实地考察法

为了对生命安全教育的实际状况有一个直观的认识和了解，笔者于

2017年9月22日—2018年5月16日，在江苏省大、中学校进行多次实地调查和观察体验，并且和部分学生共同展开了安全知识学习。另外还进行了危机事件情景模拟，包括地震、火灾等场景。通过这些工作获得了生命安全教育有关的重要的一手资料。

1.3.6 专家访谈法

选择11位专家，涉及教育学、体育学、危机管理学等各领域，通过面对面、电话或邮件进行访谈，然后整理访谈内容。

表1-2 专家咨询结果

专家专业结构	专家职称		认定程度					
			完全涵盖主题		基本涵盖主题		不能涵盖主题	
理论工作者	教授	11	6	54.54%	5	45.45%	0	0%

1.4 研究路线

通过研究自然灾害、暴恐事件、生活避险、社会突发事件、意外事故、人为侵害特征，分析生命安全诉求下的运动教育价值与联动机制的契合的要求，构建基于“应急体育”理念的应急体系，并就该体系实施路径以及关键环节进行深入研究，提出相关建议，以推进江苏省青少年综合健康事业的快速发展，促进社会稳定和谐（图1-1）。

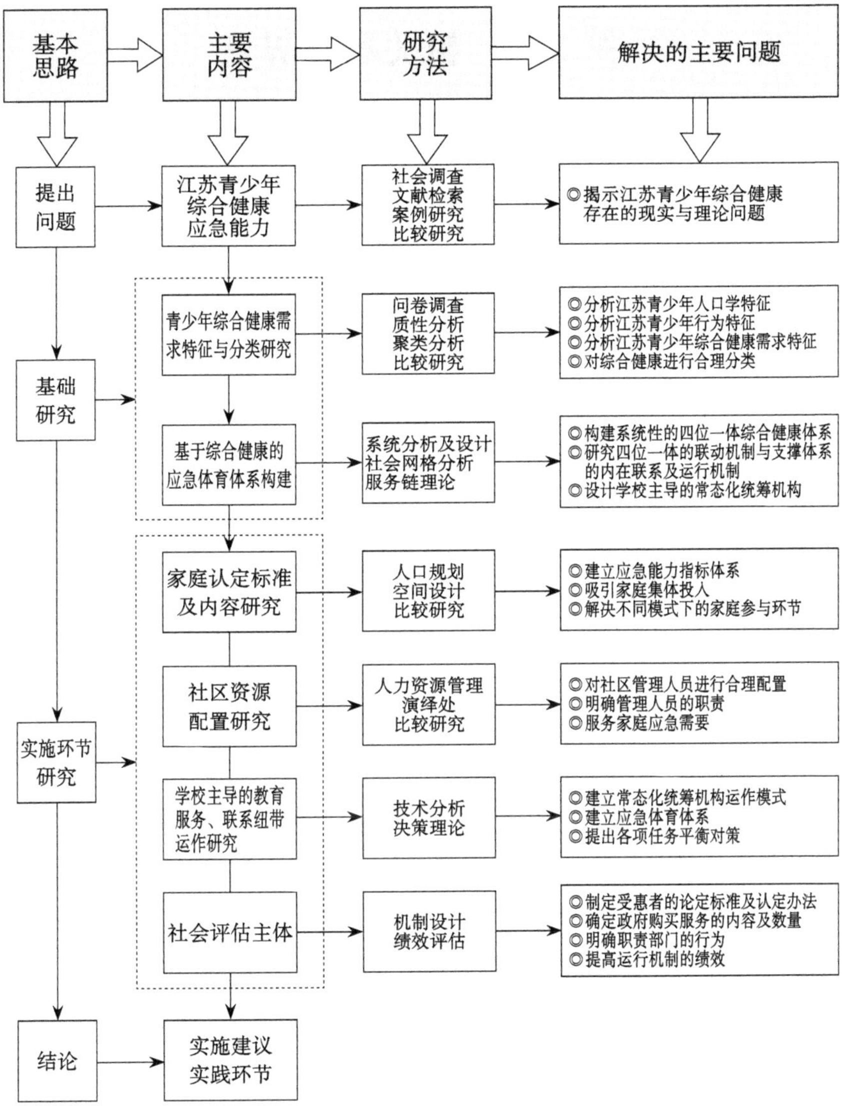
基本思路
主要内容
研究方法
解决的主要问题
提出问题
江苏青少年综合健康应急能力
社会调查 文献检索 案例研究 比较研究
◎揭示江苏青少年综合健康存在的现实与理论问题
基础研究
青少年综合健康需求特征与分类研究
问卷调查 质性分析 聚类分析 比较研究
◎分析江苏青少年人口学特征
◎分析江苏青少年行为特征
◎分析江苏青少年综合健康需求特征
◎对综合健康进行合理分类
基于综合健康的应急体育体系构建
系统分析及设计 社会网格分析 服务链理论
◎构建系统性的四位一体综合健康体系
◎研究四位一体的联动机制与支撑体系的内在联系及运行机制
◎设计学校主导的常态化统筹机构
实施环节研究
家庭认定标准及内容研究
人口规划 空间设计 比较研究
◎建立应急能力指标体系
◎吸引家庭集体投入
◎解决不同模式下的家庭参与环节
社区资源配置研究
人力资源管理 演绎处 比较研究
◎对社区管理人员进行合理配置
◎明确管理人员的职责
◎服务家庭应急需要
学校主导的教育服务、联系纽带运作研究
技术分析 决策理论
◎建立常态化统筹机构运作模式
◎建立应急体育体系
◎提出各项任务平衡对策
社会评估主体
机制设计 绩效评估
◎制定受惠者的论定标准及认定办法
◎确定政府购买服务的内容及数量
◎明确职责部门的行为
◎提高运行机制的绩效
结论
实施建议 实践环节

图1-1 研究思路图

第2章 相关概念界定

现阶段，广大教育工作者都需要将关注重点和研究重心放在应急教育上面。不管是防灾、救灾，还是在自救、他救，都是所有人需要面对和掌握的技能。笔者将应急避险、安全教育、应急体育等作为关键词，通过对我国万方网以及知网等资源库的资料进行检索，选取的时间范围介于1990年至2017年之间，归纳整理的结果如下所述。

2.1 突发事件

通过详细了解我国《国家突发公共事件总体应急预案》的有关内容可以看出，在本文件中也详细地定义了突发事件："本预案所称突发公共事件是指突然产生，造成或者可能造成重大人员伤亡、财产损失、生态环境破坏和严重社会危害，危及公共安全的紧急事件。"

在我国绝大部分的学者都会基于这样的思路下完成有关的定义，其中著名的学者朱力就表示所谓的突发事件指的就是能够对社会整体和局部产生巨大影响的事件。站在广义层面上来讲，其主要指的就是：人们能够将突发事件看作是突然产生的事情。首先是该事件出现以及发展的速度非常迅猛，其不受人们的意识所控制；其次是该事件很难对其进行应对，需要使用一些非常规方式来解决。站在狭义的层面上来讲：所谓的突发事件具体指的就是基于意外状态下产生的重大或敏感事件。换句话来讲，其一部分属于自然灾害，例如：山洪和火灾以及地震泥石流等，同时也包含一部分的恐怖袭击事件等。这些都是人们始料未及的。学者郝国庆经过大量的研究以及分析的基础上表示所谓的突发事件主要指的就是没有办法预测以及突然出现并且不能够进行有效控制的事件，并且这样的结果能够对社会产生巨大的影响和后果，其一定要借助有效的方式将自然灾害等问题进行处理，最终达到社会的稳定和谐发展。知名学者陶应勇等通过不断地分析和研究表示，所谓的突发事件其指的就是在突然之间，并且是人们丝毫没有意识的状态下出现的事件，这在很大程度上影响了人们的生活，可以对人们的生命构成伤害以及威胁，同时还能够在社会之中获得恐慌的事件。其属于以上所阐述事件的总称。学者秦启文的观点是所谓的突发事件指的就是基于必然因素前提下不经意产生的，并且对于社会造成巨大的影响和危害的负面事件。学岳晓和李明强基于大量的分析基础上得出，所谓的突发事件其本质是属于模糊的概念，可是其概念是非常重要的，不同的国家由于本身理念的不同从而使得对于突然事件的分类和含义的解释上也是具有一定的差异性的，一般认为突发事件就是基于确定范围的基础上突然产生，并且对生命财产和公共安全造成危害的事件，乃至影响到国家利益和全球稳定，需要政府立即采取应对措施加以处理的公共事件。为了能够将这个问题合理地得以解决，那么就需要借助有效的方式来对公共事件进行处理。学者沈正赋的观点是所谓的突发事件指的就是突然产生同时处于异常情况下，人们很少对其具有准备的新闻事件。换句话来讲，所谓的突发事件指的就是在人们还没有充分意识的基础上产生的，其能够对人们和社会造成巨大的影响，除此之外其本身也属于一种教育手段。学生在学习体育技能以及知识的基础上可以将自身的体能增强，并且将身心健康水平提升，其也能够借助体育的学习将学生的沟通能力提升，这样不仅能够使得学生的身体得到健康的成长，同时还能够确保学生的全面发展。因此，学生的适应能力得到较大的提升。借助体育的方式将学生自身的应急避险能力提升，假如人们碰到困难的时候，其能够运用的基础技能涵盖了：跑、跳以及爬等能力，除此之外也涵盖了同别人合作的能力和素质。积极地参加体育锻炼，可以使得学生在这个过程中获得最大程度的精神满足，同时将学生的心理素质进行提升，另外还能够将学生本身应该具备的社会责任感提升，由此来提升学生处理问题以及解决问题的能力。将所有人员的安全防卫教育工作水平提升，也就能够将学生的整体素质提升，当遇到突发事件的时候，学生就能够从容地处理和面对。

突发事件又是在特定范围当中，极易给青少年的生命安全带来威胁甚至是危害的突然事件。通过学校的体育教学当中教授的应急安全知识、技能，就能够有效避免或降低负面事件发生机会，主要包括自然灾害：如地震、火灾、山洪、泥石流；人为事故：交通事故、校园暴力、恐怖袭击、空难、海难事故等，其发生具有不可预测与不可抗拒的因素。

2.2 应急能力

所谓的应急能力，主要指的是当出现突然情况的时候，其总能够借助自身在一瞬间的自我保护性动作将问题解决。通过有关的实践可以看出，为了能够将应急手段提升，其最为合适的方法就是参与体育运动。其在正常情况的基础上，应急能力本身是在人体潜能之中，而产生这些潜能的核心要素来自以下层面：身体不同部位的肌肉群对应的爆发力、身体内部的不同体位对应的空间感觉能力。这些方面的能力都是基于人体灵敏的反应以及柔韧的基础上开展的，用一句通俗的话来讲就是人的应急能力取决于身体素质。借助学生体育能够在体育活动以及体育教学的基础上将学生应急避险能力进行培养。

运动技能是人类为了能够完成指定的任务以及动作的基础上，其涵盖自身肢体运动和身体运动的能力，在运行的过程中其本身需要具备认知策略以及心智技能。人们掌控住相应的类运动技能，这个情况下也是人们生命价值的一种体现，由此使得个体生命得到发展。基于此，我们一定要将传统思维打破，对于学校体育运动教育来讲，其不单单涵盖了专项技能，同时也包含了人类有关的基础技能。青少年的综合健康的实现是由多方面的能力共同作用的，是个体生命发展和生命质量提高的重要基础。当前已经逐渐引起国内学者的关注，不仅是终身体育的要求，也是如何更好地通过推动青少年综合健康的发展来满足生命安全诉求（曲宗湖，2008）。

学者夏肖林的观点是，所谓的应急避险主要指的就是生物基于外部环境的状态下，针对不同生物刺激所出现的条件性反应。应急避险能力具体涵盖了对应急知识了解以及掌握的能力，同时也涵盖了产生突发事件的时候所具备的生存能力和坚强意志。

学者闵彬彬和王强等人认为，所谓的应急避险能力主要指的就是当事人在碰到危险状态下，其自身生理以及心理方面在应对风险和风险处理方面的能力，同时，还能够将各种突发事件转危为安。这种应急避险能力是多方位的，包括观察能力、认知能力、控制能力、判断能力、行动能力等。学生在面对各种不同类型的突发事件的时候，能够迅速地做出准确的判断，并对事件未来发展趋势进行正确预估。同时，还能够将在学校体育课程当中所学到的逃生技能、求救方式等进行合理的运用，运用所学的逃生知识和运动技能最大程度地避免或减少由于突发事件所带来的影响。

2.3 应急体育

应急的概念是应答于重大事故灾害的危险问题时提出的，很多人认为所谓的应对突发事件教学和体育教学相结合的应急救护能力教学其主要的含义就是将两者进行单纯的相加，其实这个理解是不正确的，其本质是教学理念的拓展和延伸，也是教学内容的互相渗透，同时还是教学方法的创新以及探索。采用什么样的方式可以在体育教学的内容中能够添加逃生和应急救护的内容，这是接下来作为体育教育者需要进行思考的问题（冯海成，宋淑珍，2006）。

应急体育指的是在体育教学过程中，增加应急避险知识、应急能力的教授，主要目的是为了不断提升学生们的奔跑、攀爬、跳跃、翻滚、涉水等基本运动能力，从而让学生们能够拥有充足的活力以及自信来处理和预防不同类型的突发事件对学生造成的消极影响，将消极影响减少抑或是将不利影响因素减少到最低。除此之外，在面对困难的时候还应该不慌不忙、保持镇定，同时采用有效的方式改善自身的环境，最终确保环境以及自身的平衡。相较于日本来讲，我国针对学生的生命安全教育还是比较落后的，通过对外国的情况进行了解可以看出，其本身不论是在实践还是在研究方面都是非常系统且科学的，并且本身也属于教育之中的一部分。而我国当前还属于探索时期，其中最为明显的表现就是其在应急体育教育的层面上显得非常零散化、理论化和形式化，之所以如此，主要是由于我国特殊的教育体制以及践行方式所决定的。即便我国相关部门经历过大灾难以后也进行了详细的思考和反思，并且也将很多的应急避险方式和内容进行归纳和总结，可是在具体的实践方式上也是举棋不定，因此很难找到某种方法来作为最终的途径。现在社会以及环境的发展已经变得日益复杂，基于这样的状况下，一定会出现众多严峻后果，直接影响到青少年综合健康的发展。

第3章　国内外应急教育现状

3.1 国内应急教育现状

2007年，我国国务院颁布并实施了《中小学公共安全教育指导纲要》，在这一文件当中有提到，公共安全教育主要是涵盖有下述六大方面的内容：预防和应对社会安全、公共卫生、意外伤害、网络信息安全、自然灾害、影响学生安全的其他事故等。另外，在该文件里面还明确提到了，作为学校来讲一定要基于其他学科教学或者是在具体的实践教学过程中，逐步地将公共安全教育的内容添加进去，主要目的是为了让众多的学生在学习的过程中了解以及掌握生命安全知识技能，并且强化安全意识，掌握不同类型的应急避险技能。近年来，国内有很多学校都开设了安全教育有关课程。可是，国内各大中小学校在进行安全教育课程教学的时候是重理论教学、并未进行实践操作。因此，在学生们遭遇到真正突发事件的时候根本没有正确的应对处理能力，这就导致了很多悲剧的发生。

国家为了加强应急救援队伍的建设，在应急教育实施方面，国家非常重视“应急救援员”技能的培训，人员可以借助相关培训来参与国家考试之中，当考试通过之后就能够获得有关部门下发的职业证书，并且在这个过程中还会产生很多的专业人才。站在我国的有关研究中可以看出，专家对一些概念：如“应急教育”“应急避险教育”“灾难教育”“公共危机教育”“公共安全教育”“宣传科普教育”等完成有关的界定和分析工作，其可以看出基于不同教育对象、经济区域以及教育内涵等方面都是不同的，这是在所难免的。根据相关统计数据资料可以知道，我国每年最少有

160000名学生是属于非自然死亡，尤其是中小学生平均每天就有40多人死于安全事故。大部分死亡的主要原因是：溺水、交通事故、食物中毒、打架斗殴等其他情况。其中我国每年有超过1.85万名14岁以下的儿童死于道路交通事故，1.6万名中小学生非正常死亡；意外伤害占我国儿童死亡总人数的26.1%。令人心焦的是，这个数字还在以每年7%—10%的速度增长。

3.1.1 校内意外伤害事件

3.1.1.1 学校设施管理不到位

案例一　内蒙古自治区丰镇市第二中学是市属重点中学，初中部有三个年级19个班，共1563名学生。2002年9月23日晚6时50分，晚自习结束后，教学楼中由于东、西上下两个楼道口，没有任何照明的条件下，学生拥挤着下楼，楼梯护栏突然坍塌，前面的学生纷纷扑倒在地，后面的学生看不清前面同学，仍然纷纷往前拥挤，酿成事故，造成21名学生死亡、47名学生受伤。

案例二　由于重庆市开州区某小学学校安全设施不到位，通过对本学校的情况进行了解，其主要的构造结构是以四合院平房砖石墙体为主，在教学楼顶的位置上并不将避雷设施安装到位。当时间来临到2007年的时候，具体在5月23日这一天，该学校突然遭到了雷击，在这个事件中使得40多人出现了伤亡，这里面，有7人死亡，有5人受到了重伤，而轻伤的人数达到了30多人。

3.1.1.2 学生伤害事件

案例一　2008年4月20日晚11：00左右，旬阳中学高二18班（文科）一名学生与宿舍学生在打电话的时候产生了口角，最终引发了相应的肢体冲突，就在这个时候其中一个学生拿到了水果刀刺中了另外一个学生，同宿舍的学生迅速拨打110报警，并把伤者送往县医院，最终因为失血过多抢救无效死亡。

案例二　2008年12月8日上午第四节课，某中学七年级二班学生陈某在完成作业的时候，有几次与同桌进行交流。随后陈某的同学郭某身为小组组长为了制止陈某说话的行为，因此就将课本拿起在陈某头部敲打，使得陈某昏倒。当这个问题出现之后，学校就马上指定人员将陈某以最快的速度送到医院，通过医生的诊断最终确定是癫痫病（该病情的引发因素是受到击打行为）。

案例三　2010年3月23日，发生在福建省南平实验小学门口的郑民生杀害多名小学生一案，郑民生持刀连续捅刺多名小学生，致8名小学生死亡，5名小学生重伤，犯罪后果特别严重，情节特别恶劣，社会危害性极大，依法进行公开宣判，随后对罪犯郑民生执行枪决。

3.1.1.3 体育课突发意外事件

案例一　2008年11月1日下午，广东省顺德一中体育教师在体育课上要求女生在1分45秒内绕场跑训练，王某跑了约200米后摔倒，老师急忙对其急救，校方立即用车送去医院，不久后死亡。后经查明，王某曾患有心肌炎、肺水肿，其家长从未要求学校对其给予特殊照顾。

案例二　2018年10月6日这天的中午时间，一位在高中就读的17岁女生在拔河比赛中不知为何倒地并且失去知觉。学校知道这件事情之后，第一时间拨打120以及110电话。此时医务人员也于第一时间来到现场，对该学生进行了人工呼吸并且将该学生送达了医院，来到医院之后该学生的症状就是口吐白沫、脸色青紫，并且出现大小便完全失禁的情况。经过一系列的救治，救护医生表示病人送达医院的时候就已经死亡了。根据学生的家长反映，在寒假期间孩子曾经跑步的时候也有不适的感觉，虽然在此期间也来到过医院进行过检测，但是检查的结果是孩子本身没有心脏疾病。

3.1.2 校外意外伤害事件

3.1.2.1 溺水

案例一　2008年7月29日下午，旬阳县庙坪中学初中二年级住校学生王某、吴某吃过晚饭后到学校附近的小河游泳，不幸溺水身亡。

案例二　2014年7月10日，湘潭市雨湖区一校车坠入水塘，造成11人死亡，事后查明该校车至少存在超载、不按规定路线行驶等问题。

3.1.2.2 交通事故

案例一　2005年11月14日早晨5点40分，山西省沁源县第二中学组织全校初二和初三共13个班的900多名学生来到汾屯公路上跑操，突然一辆东风货车失控向学生横扫过来，当场把学生们“扫”到一大片，当场有18人死亡，21人受伤，其中32岁的班主任老师姜华也在此次事故中丧生。死亡的学生中，年龄最大的18岁，最小的15岁。

案例二　2009年2月10日的早上，位于西安市区域的宫庄段内，一辆卡车将5名上学骑自行车的学生撞飞，导致4名学生死亡，一人重伤。

3.1.2.3 火灾

案例一　2006年6月6日，某市第三高中发生火灾。由于起火房屋为土木结构旧房，过火较快，扑救工作难度较大，至次日凌晨3时大火才被扑灭，从火场中救出100多名学生。大火将住在该校同一宿舍内的6名男生烧死，烧毁10间学生宿舍，面积约500平方米。起火原因是住在下铺的一名同学夜间点蜡烛看书，睡着后点燃床铺引发火灾。

3.1.2.4 煤气中毒

案例一　2008年12月1日晚上的时候，此时在陕西省区域范围内的堆子梁中学发生了煤气中毒事故。这导致来自同宿舍总计12名女生出现了煤气中毒的情况，在这里面最终有11人遇难。

案例二　2012年2月14日，位于河北省区域范围内的县北关学校出现了煤气中毒情况，由此导致了3名学生死亡，其中有7名学生因为情况严重送到了医院抢救，最终脱离危险。

3.1.3 社会危害事件

3.1.3.1 暴力危害事件

案例一　在2009年的时候，在湖北省随州区域发生了熊振林故意杀人案，该案件导致8人死亡；同时发生在四川省成都区域的张云良公交车放火案，造成28人死亡，而受伤的人数达到了71人。

案例二　2014年3月1日，云南省昆明市昆明火车站发生了一起由新疆分裂势力策划的恶性暴力事件，该事件属于重大突发事件，最终造成29人死亡，143人受伤的严重后果。

案例三　在2018年的时候，位于上海区域的世界外国语小学周边出现了砍杀小学生的事件。在这场事件中使得两名男童死亡，通过有效地分析和研究发现，本次案件中的犯罪嫌疑人是黄某，没有具体的职业，其在6月初的时候来到上海，由于生活困难最终在心中有了报复社会的想法，随后就开始行凶。

我们能够看出，以上所阐述的案件其发生的形式具有很大的差异性：有的是由于自身的报复心理而出现杀人活动，有的是为了泄私愤而出现的爆炸纵火情况；这些案件有的出现在街头，有的出现在校园周边。

3.1.3.2 踩踏事件

案例一　2013年2月27日，在湖北区域内的秦集小学由于值班老师没有将一楼铁门打开，此时所有的学生都在寝室大门的位置上汇集，导致出现了互相踩踏的情况，最终造成4死7伤。

案例二　2014年12月31日，上海举行了跨年活动，由于外滩观景平台人行通道阶梯底部有人失衡跌倒，因此出现挤踩踏事件，最后导致的结果就是36人死亡，受伤的人数达到了49人。

案例三　2017年3月22日早上8点半，位于河南区域内的濮阳县第三实验小学出现了踩踏事故，事故造成22名学生受伤，其中1人在送往医院途中死亡，5人重伤。

3.1.3.3 海上遇险事件

案例一　2014年4月16日，韩国“世越”号客轮6825吨离开仁川港踏上了驶往济州岛的旅程。7时55分左右，乘客感受到船体受到撞击开始摇晃。随后的几秒时间内船体出现倾斜并迅速地下沉，据获救乘客讲述事发时船上集装箱等物体倒向一边使船体倾斜更严重。船上广播开始告知人们危险，不要到处走动，船体突然向一侧翻倒。船上约有339名人安山檀园高中生和老师共同前往济州岛郊游。船只在当地时间早上8时58分发出求救信号，大部分遇难者为学生。

案例二　2015年10月7日，位于河北区域的渔船在执行捕捞作业的情况下遇险失事，最终使得船上的16人落水。13日，除已被救起的4名落水船员外，又在船舱内发现4名船员遗体，仍有8名失踪人员下落不明。在搜救人员持续的努力下最终将10具尸首寻得，同时有2人还处于失踪的状态。当事故出现后，警方马上立案，经过调查之后将两艘山东渔船之中的4人逮捕。根据有关的调查发现，事件的起因是聚众斗殴罪，最终判决舵手和船长属于故意杀人罪。

现阶段，国内教育还是属于应试教育模式。各学校所开设的应急避险教育课程是比较浅显和片面的，主要都是以理论教育课程或者是单一的安全管理教育课程等。这就意味着大多数体育老师在进行体育课堂教学的时候有所避讳，无法教授一些有强度的运动课程内容，尤其是中小学校体育课堂教学都只是一些简单的热身运动作为体育课内容。不管是学校、老师，还是家长、学生，对于学习成绩都是重点关注的，而对于学生的身体素质、心理素质并没有进行过多的训练。有不少学校和家长都没有正确地认识到学生身体素质锻炼的重要性与必要性，都只是将目光放在了文化学习成绩上面。

我国的相关学者以及专家都提倡在体育教育课程中添加应急避险的相关教育。雷鸣强认为，要加强中小学生灾难教育，对中小学生进行灾难知识原理以及应对防范灾难的教育，帮助学生形成灾难防护能力，保护学生生命安全，减少灾难对学生、家庭、社会的危害，从而维护我国的社会稳定，提升公民的幸福感，彰显社会主义制度的优越性。加强灾难教育是我国治理体系和治理能力现代化的必然要求。学者刘璐在经过大量的分析和研究的基础上，编写了《高校体育课开设灾害教育的可行性分析》这部作品，在这部作品中将我国高校体育课程中的灾害教育的不利之处以及有利之处进行分析，同时也针对性地提出了高校里面展开应急教育所具有的可行性。学者史海珍以及王民等人也阐述道：我国当前已经具备进行灾害教育的有效方式以及基本途径，除此之外也要将应急教育的策略和计划同学校的情况相结合，这具有积极意义。学者成新水表示借助地理教学的方式将灾害产生的频率传达给学生，并告知由于人们在开发方面的方式不合理使得生态处于不平衡的情况，最终导致自然灾害频繁发生。这样能够让同学们可以借助地理课程的知识来明确采用什么样的方式来保护地球，从而将基于人为因素而导致的自然灾害出现的概率最大程度地降低。学者周波在相关的文章中阐述：在学校体育课程开展的过程中，将学生的应急避险教育的义务和责任提升，从而提升学生们在体育课程中的安全意识。

总之，当他们在遭遇到各类突发事件的时候，无法迅速地逃生，进而就会造成非常严重的后果。这些灾难和危机事件的发生也让我们深刻地认识到了对学生进行应急避险知识、技能教育的重要性，大家也明白学校体育教育应当肩负起生命安全教育的重大责任。国内诸多专家、学者也都认为：把应急避险教育融入学校体育课程教育当中是极为重要且极为必要的。但是，诸多教育专家学者们只是谈到了应急教育的重要性和必要性，怎样把学校体育和应急教育融合在一起，并建立起系统教学体系，纳入教学中去，并没有做太多的具体研究，现在最大的问题还是重理论而轻实践。针对现阶段的自杀、暴力以及自然灾害等情况经常出现，很少有学者能够把应急避险相关的基本能力融入体育教育教学中去研究，学生应急能力的培养是非常必要的，应急避险能力的教育融入体育课程中是非常可行有效的。

3.2 国外应急教育现状

最近的这些年里，发达国家以及地区到现在为止已经在体育课程体系之中添加了应急体育教育。比如说美国和日本以及俄罗斯等国家，这些国家都非常重视青少年生存能力和生命安全的有关教育，在较高层面给予支持，并制定相关法律、法规。应急教育的发展在国际上并没有多长时间。1950年，联合国创建了难民事务高级官员公署，同时也相应地推出了《关于难民地位的公约》这部文件，在这部文件的内容里面并没有将教育所占据的特殊地位阐述出来。在1990年的时候，为了可以将国际危机问题进行解决，因此也创建了世界全民教育大会。

通过对日本的情况进行了解可以看出，该区域地震以及台风的情况频繁发生，这些年的时间里，日本也出现了很多的且情况严重的地震，这也造成了很多的人员伤亡情况，这些灾害的出现使得社会以及经济的发展受到了巨大的冲击。从20世纪80年代之后，日本就非常关注学生的防灾训练工作，并且采用众多的方式来完成防灾教育训练，增强学生的防护意识，确保其在灾害发生时，能够具备自我保护与兼顾保护他人生命安全的能力。日本对学校应急避险教育非常重视的时候，能够面对灾害理智地做出正确的行为，这是非常重要的。基于此，日本就对各级学校提出，必须定期进行各种不同形式的防灾、救灾演习的要求，比如针对地震、火灾等自然灾害进行情景模拟和场景演习。通过这些演习培训，让学生亲身体验火灾、地震、洪水等灾害，帮助培养和训练学生面对各种灾害的应对能力和处理能力，使学生在应对这些突发事件的情况下能够有一颗冷静的头脑，从而完成他救及自救。日本政府已经创建了应急处理体系。2003年11月25日，在莫斯科友谊大学学生宿舍里发生了一起火灾事故，当时中国留学生死亡11人，失踪6人，而邻舍的日本留学生却无一人死亡。这说明日本留学生在国内接受过防火知识的教育学习，本能的自我防护意识能力变强。而中国留学生在国内学习有关防火知识技能较少，甚至就没有学习过，不知道如何避险，所以必然有惨痛的教训。

近30年以来，俄罗斯小学一年级儿童健康的达标率由最开始的38.7%逐步降至5.3%。另外有数据显示，近年来俄罗斯每年大概有10万14岁以下儿童是死于各种交通安全事故，比意大利的死亡率高2倍，比法国和希腊高1倍。1991年5月14日，召开了俄罗斯联邦部长会议，在该会议上经过详细分析和研究，最终颁布《有关俄罗斯普通学校青年应征训练》相应的253号决议，其需要将青年应征训练课程改为生命安全基础，这样能够很好地解决儿童安全程度逐步下滑的情况。因此，俄罗斯对于学生的应急避险知识、技能的培养和锻炼变得愈发重视。当学生碰到不法分子的情况下，应该采用什么方式进行自我保护，对各级学校都提出了必须安排安全教育课程的要求。专门开设了《生命安全基础》这门课程，这一点也是对于俄罗斯学生进行安全教育的关键方式。将这门课程开设以后，借助有关的数据进行分析，此时学生在面对困难时的能力提升了，并且所在区域范围内的学生死亡数量减少了。借助这样的方式能够看出《生命安全基础》学科的关键性和重要性。此外，各级学校都积极地组织举办各类演习、体验和训练。通过开展不同类型的活动，不断强化学生们的安全意识、保护生命的意识，也不断地提高学生们的自我保护能力。

美国即便是属于经济强国，也避免不了地震、火山爆发以及雪灾等事件频繁发生，其表示学校的重要任务就是起到安全教育的工作，并且也将学生安全问题很好地解决，学校本身也拥有了独特的优势。学校针对安全教育需要从儿童开始，同时随着年龄的增长，其采用的方法和教学模式有着极大的差异性，此时的学校安全教育能够充分地展现出制度化以及系统化。在幼儿园主要培养孩子的安全意识，当孩子出现意外扭伤的情况懂得应该怎样去处理。针对交通安全方面以及食品安全方面完成了有关的解释工作。为了丰富教学课程活动的实用性以及生动性，美国安全教育一般都是将之前出现的灾难案例选取出来作为常用的教学方式。在2010年3月的时候，奥巴马就明确表示，要把学校开展的安全教育放到第一的位置，需要尽最大能力确保学生自身的安全性。

通过对英国进行了解可以看出，其在儿童2—3岁的时候就开始对其进行交通等安全知识，同时一定要在确保每天有一段时间进行交通安全练习。为了确保儿童的健康，从而对安全教育总结了十句话：①财产在第二位，生命在第一位；②裤衩以及背心能够覆盖的位置是不允许任何人接触的；③平安比成功更重要；④不能够同陌生人进行沟通和交流；⑤不使用任何来自陌生人的糖果以及饮料；⑥所有的小秘密需要向妈妈告知；⑦碰到危险状况的时候能够将家中的家具以及玻璃打破；⑧碰到坏人的时候可以将其欺骗；⑨不能够将坏人的秘密保守；⑩碰到危险的时候要想方设法逃跑。

通过对法国政府的情况进行了解，在其法律之中就表示：儿童有权利享受到来自学校的交通安全教育服务。每月都通过体育老师来完成有关的交通安全技术训练课。该国家也非常重视群众的自救、互救和防灾、救灾意识。首先对于普通民众完成了相关的宣传工作；其次是在教育体系中添加关于防灾、救灾教育；最后是定期开展“国民安全日”等活动，并且将这些期间表现优秀的工作人员进行嘉奖。

基于以上阐述可以看出，外国绝大部分的国家都非常关注应急避险的训练以及教育工作，也都将应急避险相关知识和技能训练与学校体育课程教育进行了有机地融合。此外，很多国家都非常关注学生们的实际应用知识技能的能力培养。

第4章　应急体育问卷调查分析及改善途径

4.1 高校应急避险教育问卷调查分析及改善途径

4.1.1 高校应急避险教育问卷分析

4.1.1.1 学生获取应急避险教育知识的途径

通过观察表4-1可知，45.3%的学生都是从互联网上获取应急避险知识，表明很多学生通过使用网络去了解和学习各种新兴事物。伴随着互联网技术和信息技术的快速发展，计算机、智能手机也逐步成为学生的常用工具。所以，绝大多数学生都是通过互联网去学习应急避险相关知识和技能。从另一方面也可以说，互联网的存在让应急避险知识技能的传播变得更加快捷。此外，通过电视、广播进行学习的学生，占了21.6%；19.7%的学生是通过图书和杂志获取，这就表明还是有不少学生都是利用图书、报纸、杂志等来学习和了解相关应急避险知识技能；只有8.7%的学生是通过学校来获取应急避险知识的，说明学校会开展相关应急避险知识的学习，但是并不是很普及。现在学生们有很多时间都是在学校里，学生们绝大多数知识和技能都是在学校学习到的。因此，学校有责任、也有义务去教授、培养学生们的应急避险相关理论知识与技能。想要实现应急避险教学目标，首先就要确保学校应急避险教学课程能够足数、按时展开。只有这样，才可以强化学生们的生命安全意识、自我保护意识以及防灾自救意识，并且掌握正确的应急避险技巧方式。

表4-1　学生应急避险知识获取渠道统计表

获取渠道	书籍报刊	广播	学校教育	网络	其他
占比(%)	19.7%	21.6%	8.4%	45.3%	5%

4.1.1.2 学生参与学校应急避险教育知识培训情况

根据下表4-2我们能够知道，89%的学生都是在学校参加了应急避险相关学习。这个占比是比较高的，实际上都是讲座型的演说传播，很少有实践性的演习训练。针对数十名一同参与问卷调查的学生完成访谈，并且将其相关的应急避险学习状况进行了解和分析，绝大部分的学生都表示其参与过多次学习，仅仅是停留在表面的知识宣传上，不能够真正学到相关避险救护知识。因此，表明学校这方面教育实践是缺乏的。当然，也有11%的学生是根本就没有参加过任何相关应急避险教育学习。这就表示在我国还是有一些学校没有将应急避险知识技能教育作为一个常规教学内容。有些学校的应急避险教育甚至都还是处于一片空白的状态，针对学生展开的应急避险能力教育，处于零发展。所以，学校教育中要增加学生学习应急避险知识和应急救护能力实践训练是必要的也是有意义的。

表4-2　学生参与学校应急培训课程统计表

参与度	参与过	未参与过
占比(%)	89%	11%

4.1.1.3 学生对体育课程中加入应急避险教育必要性的认识

根据下表4-3我们能够看出，1分到5分进行满意度统计，结果表明:体育课程当中增加应急避险教育的必要性5分的学生占53.9%，并且>3分的占80.8%，大部分学生都认同需要在学校展开应急避险知识技能教学。那么应急避险在生活中的帮助度从下表4-4看出，满意度5分占79.3%，说明学生愿意学习和掌握一定的应急避险理论和技能，对于他们的日常生活是有很大帮助的，也是非常渴望学习的。所以，将应急避险能力的教育添加到学校体育课程里面是非常重要的。

表4-3　在体育课程当中增加应急避险教育的必要程度统计表

满意度	1分	2分	3分	4分	5分
占比(%)	1.6%	1.9%	15.5%	26.7%	53.9%

表4-4　应急避险在生活中的帮助度

满意度	1分	2分	3分	4分	5分
占比(%)	1.9%	2.2%	16.6%	30.1%	79.3%

4.1.2 应急避险知识与技能融入体育教学中的必要性和可行性问卷

4.1.2.1 应急避险知识与技能融入体育教学的必要性

由以上问卷调查结果分析我们就能够知道，国内各级学校众多学生对于应急避险知识是非常渴望的。而且很多学生都认同，学习和掌握基本的应急避险知识技能对其日常生活是有非常重大的作用。可以说，在学校体育课堂教学当中融合一些应急避险知识和技能是目前学校生命安全教育的客观需求。同时，在学校体育教学课程里面增加生命安全教育也是体育老师的基本职责。在学校体育课程当中展开生命安全教育与应急避险知识教育也是非常方便的。在学校素质教育的过程中，最为核心的内容就是生命安全教育，而对于学校安全教育来讲，最为关键的内容是应急避险。学校为培养人才教育的摇篮，作为体育老师在体育课中融入生命安全教育是具有先天性的优势。将应急避险知识与救护技能融入大学的体育教学中去丰富体育课程内容，是增强体育教学实践性的有效途径。在以往传统的体育教学中，教师并不会将应急避险教育纳入教学大纲中，也不会对学生进行简单避险技能的知识传授，只有真正领会到的老师才会把安全教育和体育教学融合一起教学，或者单纯地给学生们进行理论知识上的灌输。只有通过平时的应急技能练习和培训，心理素质才能有效地提高，在面对紧急突发事件时，学生能够沉着冷静、理性判断。那么没有经过应急避险学习和培训的学生，因为应急避险的知识的缺乏和基本技能的薄弱，导致突发事件发生后，不能及时应对，这就导致众多的悲惨事故发生。当开展体育教学的时候，需要对应急避险的技能以及知识的学习进程不断地深入，这个时候学校就能够将体育课堂变成提升学生运动技能和健康知识的工具，同时将有关的应急避险技能以及知识融入课堂学习里面，具体涵盖了突发事件以及情景模拟演练，从而使得体育课变得有趣和丰富。

当学校开展体育课程的时候，其应该同当地的应急避险技能和知识进行融合，这样不仅可以帮助学生提升自身的团队合作精神，极大地丰富学校体育教学内容和教学形式，而且还能够强化体育课堂教学的实用性。在学校体育课程里面加入应急避险知识内容，是对传统体育教学理念的一种突破和创新。在增加了应急避险相关内容之后，学校体育课就不再只是教授一些简单的运动技巧和健康知识，而是加入了更多实际的应急避险知识。不仅可以让常规的学校体育课变得更加生动有趣，而且可以极大地激发出广大学生们的学习热情和积极性。从另外一个方面来看，学生们在学习了相关应急体育知识技能之后，其身体素质也会得到有效的提升。与此同时，学生们也会逐步掌握与他人相处的技能，其社会适应能力也会得到显著的提升。

截止到现在，我国出现了很多的独生子女家庭，这些独生子女家庭的孩子在性格上存在一定的问题，例如孤僻、自私以及任性等。之所以出现这样的问题，很大的原因来自我国实行的独生子女政策。当孩子学习应急避险能力以及知识的时候，其能够在这个过程里面同其他的学生进行沟通和交流，这样就能够使得自身的团队意识提升，这一点是极为关键的，从而对于孩子的全方位发展都起到了巨大的作用。

通过了解可以看出，所谓的体育不单单指的是教育内容，其本身也属于教育手段。对体育技能以及知识的学习，能够使得学生的身心健康得到有效的提升，除此之外在这个阶段还能够加强学生在社会中与人们的沟通技能。借助体育的方式还可以确保学生能够全面且健康地成长，同时还能够将自身的适应能力提升，这是非常重要的。应急避险能力的前提条件就是体育的基本技能，当人们遇到危险的时候，具体的逃生自救方式涵盖了跑、跳以及走等能力，除此之外也涵盖了同他人之间的合作能力。借助体育锻炼的方式能够强化人们的意志品质以及身体素质，同时还能够提升自身的心理素质，除此之外也能够借助这个机会提升学生处理问题的能力以及增强学生的社会责任感，最终达到提升学生整体能力的目的。

4.1.2.2 应急避险知识与技能融入体育教学中的可行性

将应急避险能力的培养纳入体育教学的进程中，不仅仅是对体育教育改革的一次有益探索，也为学校应急避险教育的落地执行提供了一个非常合适的平台。想要不断提升广大学生们的应急避险能力，仅仅给学生灌输应急避险理论知识是不够的，还需要加强学生们的身体素质，培育学生们的应急避险相关的自救技能，培养学生在处理突发事件时临危不乱、镇定自若的心理素质。

学校体育课和其他学科相比而言，教学方式要更加灵活，教学形式也要更加丰富多样。因此，在进行应急体育教学课程教学的时候，就可以采取更加灵活丰富的教学形式。例如，在教授火灾逃生相关知识的时候，体育老师可以先准备好一些火灾事故相关视频，通过多媒体播放视频，让学生们对火灾事故有一个初步的、直观的认识。同时，老师也可以在教室里先讲授一些火灾事故应对、逃生基础理论知识。在教授了理论知识之后，老师就可以带学生们来到操场或教室外面，在室外进行实地演习实践操作。通过实地演习，可以让学生们所学习的知识更牢固，帮助在生活中更合理地运用学习的应急技能。此外，体育课和其他学科比较来看，实践性、可操作性要更加明显。简而言之就是体育课不是纯粹的理论教学课，而是要进行实践操作的。作为体育老师，不仅仅需要掌握丰富的理论知识，还需要有健壮的身体素质和顽强的意志。只有这样，才可以更好地为学生展示相关的应急避险技能，使学生可以更好地学习。体育教师作为应急避险知识以及技能的传授者就更加有意义。

在开展体育课程的过程中，其主要是将学生的技能以及体能进行培养，同时将学生的有效力量提升，除此之外学生也能够将自身的灵敏度和跳跃度提升。这些基础素质能够将学生的技能和身体素质提升。当开展体育课程的时候，会开展一定的体育项目，这样能够使得学生很好地学习应用所学技能；角色的不断转换，使学生可以在各种环境中更快地适应；合作性的游戏，强化学生以及教师之间的关系，除此之外将学生与学生之间的沟通和交流能力提升，最终让学生清楚地知道团队合作的必要性，让学生在学习的过程中充分了解理解和尊重的含义，这样对于学生之后融入社会是有一定的积极效果的。

通过对体育课程进行了解，其不仅具备活动性特性，同时也具备了学科性的特征，其在讲自身的健身功能之外，还能够将人体的自救能力和人体基本素质提升，这样也将机械外力的人身伤害和意外伤害减少到最小。通过将有关于互救以及自救的知识进行掌握，从而确保人们的应变能力以及反应能力提升，确保自身拥有良好的心态。通过对体育进行了解可以看出，其本身拥有了较强的安全教育属性，就可以在很大程度上提升人们的基本能力。当人们遇到灾害的时候，自身良好的身体机能以及素质都会发挥重要的作用。排除自然灾害之外，当遇到人为伤害的时候，其具备良好的身体素质也能够对人们起到保护作用。因此可以看出，当人们的身体素质较好的时候，遇到灾害的情况下就会有巨大的获救概率。

4.1.3 学校教育中缺失生命安全教育的原因

4.1.3.1 对生命安全教育的认识存在偏差

近年来，国家对于校园里的安全管理是非常重视的，也颁发了一系列相关法规制度对此进行约束。可是，却并没有一部完整的、针对性的法律法规去管控校园安全管理。国家教育部门也推出了很多政策制度去约束校园安全管理，但都收效甚微。最根本的原因就在于各级学校领导层与管理层对于生命安全教育的认知是存在偏差的，而且在实际管理过程当中并没有落实到位。此外，很多学校都没有制定出对应的应急预案和措施，一旦出现各种紧急突发事件，学生们就无法正确地应对和处理，所以就导致出现各种悲剧事故。

4.1.3.2 生命安全教育内容的不完善

随着社会的进步和快速发展，安全教育除了家庭对孩子的教育以外，往往校园里的安全教育是我们不可忽视的内容之一。目前，校园安全教育的范围也在不断地扩大，安全教育的作用也在不断凸显。由于学生所占社会群体中的比例较大，每个学生的生命安全都关系到每一个家庭的幸福，也关系到社会和谐稳定和国家的未来发展。为了增强学生的安全意识，让学生在安全和健康的环境下成长，在素质教育下，学校必须认识到开展安全教育的重要性。

当前，学校的安全教育学习内容只是涉及人身安全教育，如走路、骑车、乘坐交通车安全等，以及防火安全教育、防电安全教育、防水安全教育、食物安全教育、财产安全教育、公共场所意外伤害的教育等典型案例上。学校安全教育仅仅是发放一些安全防范手册，橱窗里出一些安全教育板报，可能定期会开展一些防火演练等，而如何防范，防范技巧有哪些，此类的信息都比较少甚至没有。

4.1.3.3 生命安全教育在家庭教育中的缺位

家庭教育是教育最关键的构成部分，甚至可以说生命安全教育最重要的教育途径就是家庭教育。家长是每一位孩子监护人，也是每一位孩子的首任教师，更是孩子的终生教师。每一位家长都有义务、更有责任去给自己的孩子创造出更好的生活环境与学习环境。对于孩子的每一个成长阶段，家长都有着非常重大的影响。但是，另一方面来看，国内绝大多数家长的生命观、安全观都是不够正确，也是不够科学的。此外，整个社会都笼罩着非常严重的功利主义阴影，很多家长都对孩子的文化学习成绩非常关注，对于自己孩子的生命安全、身体健康却没有太多关注。他们认为，这都是属于学校的事情。而一旦出现了安全事故，家长就会推卸责任。生命安全教育在家庭教育里面的缺位也是目前国内学生生命安全意识淡漠、自我保护能力低下的主要原因之一。

4.1.4 学校体育教学的应对措施

4.1.4.1 教学中加强应急避险理论的学习，提高学生安全防护意识

现在人们已经处于和平时代，因此很多人生活得都非常舒适以及安逸，在这种情况下很多人都不重视危机，并且自身的应急避险意识是很弱的，这种情况下生活之中出现的很多危险都是不能够被及时发现的，比如说：电气、水以及交通危险，同时还包含了在自然界之中的有毒动植物等。在最近的这些年里，校园之中也出现了很多的校园暴力事件，当学生在面对伤害和暴力的时候，此时站在学生的角度上来讲其属于弱势群体，学生自身的防护意识以及自我保护能力并不强，因此其很容易变成某些犯罪分子下手的目标。基于此，为了能够全面地对学生进行保护，因此传授给学生一些灾害来临之前所产生的征兆，同时也传授给学生面对危险时需要注意的问题和技巧等。(见表4–5)

表4-5 日常生活避险和自然灾害安全防护应急理论内容

<table>
<tr><th colspan="3">内容方法</th></tr>
<tr><td rowspan="2">日常生活避险常识</td><td>水、电、火</td><td>家庭生活中水、电、气的安全使用方法
火灾时，自救和互救方法</td></tr>
<tr><td>交通出行</td><td>走路、骑车、驾车：都要遵守交通规则，为自己、也为家人着想
乘车：出行乘车注意人身安全和财产安全</td></tr>
<tr><td rowspan="2">自然灾害避险常识</td><td rowspan="2">突发事件</td><td>踩踏：尽量不要去人多的地方
暴力：跑、自救、互救
抢劫：先呼救，想办法自救，最后不行跑
强奸：先自救，向邻居呼救，110报警，再不行时可以用安全套保护自己</td></tr>
<tr><td>洪水、泥石流、台风是可以提前预防的，我们通过当地的天气预报得到准确消息，恶劣环境、天气要引起我们的重视。
海啸、地震：是不可预测的，灾难降临时，自救、互救的方法</td></tr>
</table>

4.1.4.2 教学中加强应急急救知识学习，培养学生应急动手操作能力

社会上经常遇到应急突发事件发生的时候，绝大部分人都束手无策，不知道该如何应对突发事件的发生，采取什么措施，该做些什么，怎么做？因此针对这样的社会需求，学校体育教育在这方面的知识传授尤为重要。近两年，学校针对学生在“应急急救技能”实际操作方面进行了培训，配合南京红十字（蓝豹队）一起对学校学生进行技能培训，培训学员逐年增加，尤其是“应急急救技能”项目培训课已纳入每年学校新生入校后的培训技能课。学校新生运动会上设立“应急急救技能”竞赛项目，来展示培训效果。

新生运动会应急急救技能项目比赛分为三部分

第一部分：左手背擦伤加右侧头部出血（分值100分）

（1）观察环境，表明身份，做好自我防护；检查伤员；直接压迫止血；拨打急救电话。

（2）三角巾头顶帽式包扎：将三角巾的底边折2横指宽置于伤员前额

齐眉处，顶角向后；两底角经双耳上方至枕后压住顶角左右交叉，再返回至齐眉处打结；固定底边，拉紧顶角压迫伤口辅料；将顶角折叠后塞入底角交叉处固定。

（3）左前臂擦伤处理：左前臂盖敷料，绷带螺旋反折包扎；大悬臂带悬吊伤肢，结打在颈后右侧方，伤肢末端略抬高。包扎伤口后伤员体位；观察伤员；操作规范性、准确性；完成时间：5分钟内，超过30秒内扣2分，每超过1分，扣4分，最多扣8分；人文关怀；担架搬运：若模拟人侧翻落地，则判定整个项目0分。

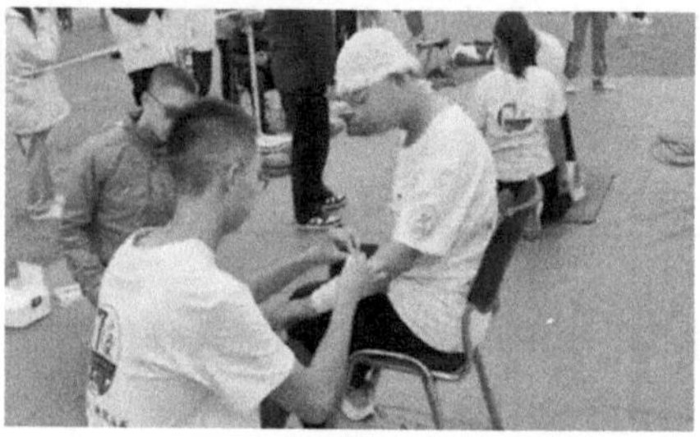

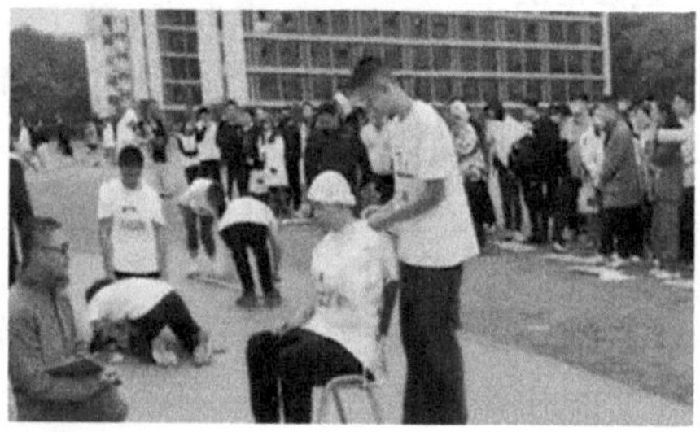

2022年11月13日新生运动会应急急救技能项目比赛期间

第二部分：担架制作（分值50分）

1. 床单担架制作流程

（1）材料准备：床单一条、长棍两根长度约200cm。

（2）床单折叠收边成约220cm × 170cm（成人身高）大小。

（3）取一根长棍与床单短边水平方向（距离边缘约80cm）放置。

（4）拎短边两角齐棍对折。

（5）取第二根长棍置于对折面上，两棍间距约为伤员身宽50—60cm。

（6）将首次对折面余边，沿第二根长棍再次反折（再次反折回的余边宽度必须大于10—15cm）。

（7）将床单远端同第6步操作折回，折回后超出第一根长棍部分床单，绕第一根长棍，从底部收边。

（8）担架制作完成。

警告：抬起担架及转运过程中，手必须同时抓牢第7步收边处的长棍和床单！否则床单可能滑脱，导致伤害！

2022年10月份，担架制作培训期间

2022年11月13日，
新生运动会担架制作比赛期间

2. 绳索担架制作流程

（1）材料准备：长棍两根，10—15m绳索一根。

（2）担架制作前必须检查长棍及绳索完好无损伤。

（3）一名队员站立持双棍，棍子一端触地，约60度角前倾，两棍平行，与肩同宽（约50cm）。

（4）另一名队员绳子一端打双“8”结（控制好绳圈大小），结尾必须留10—15cm绳尾。

（5）将双“8”结绳圈套入1号长棍，从2号长棍开始交替打双套结，至2号棍以双“8”结收尾。注意保持长棍间距及绳索松紧度一致，两侧绳结数一致（6—8组），如绳尾过长，取合适距离打绳尾结。

警告：绳索担架不得用来转运脊柱损伤患者！

3. 绳索担架制作流程

（1）材料准备：长棍两根，10—15m绳索一根。

（2）赛前检查：对棍和绳索确定完好无损伤。

（3）比赛开始前，一名队员站立持双棍，棍子一端触地，约60度角前倾，两棍平行，与肩同宽（约50cm）；裁判员吹哨开始计时。

（4）观察环境，表明身份，做好自我防护。

（5）绳索转运：一名救援人员将绳索解开，另一名救援人员将两根棍子一端置于自身两脚外侧，双脚分开与肩同宽，手持棍子中段，双手伸直固定住。

6. 绳头固定：用绳头在一根棍子上用单“8”字结进行固定，并打上收绳结。

7. 绳索担架制作：将剩余绳索用向内反折的方式缠绕于两根棍子之上，长度均一。

8. 绳尾固定：用绳尾在对侧棍子上用单“8”字结进行固定，并打上收绳结。

9. 救护站处置：将伤员放置在绳索担架上，伤者头部位置与救援人员位置反向，收绳至比赛初始状态。

学生应急技能绳索制作比赛

第三部分：心肺复苏（CPR）（分值100分）

（1）判断环境安全，做好自我防护。

（2）判断意识（轻拍重唤）、判断呼吸心跳（扫视胸腹部）。

（3）大声呼救（4句话）。

1）表明现场状况；

2）表明急救身份、寻求帮助；

3）指定一个人打120，打通了告诉你；

4）谁知道附近的AED（自动体外除颤器）。

（4）摆放成复苏体位（病人必须仰卧在坚实的平面上，身体无扭曲）。

（5）胸外心脏按压30次。

按压位置：胸骨下半部分。

按压姿势：掌根按压，两掌根重叠十指紧扣，两手臂夹紧身体前倾，以髋为轴心垂直向下按压，按压深度：至少5cm；按压频率：100—120次/分钟；充分回弹（掌根不可以离开病人胸部）；中断时间不能超过10秒钟；按压一定要是平稳有规律的；按压时眼睛看着病人的脸部，大声数出来，按压30次。

（6）开放气道（仰头举颏法）。

先检查口腔异物（保护颈椎）；切（小鱼际线切着病人的发际线）、撑（肘关节落地）、抬（两指抬自己身体同侧病人的下颌骨，一定是下颌的骨质部分）。

（7）人工呼吸2次。

捏紧鼻翼，完全包住病人的口，吹两口气（之间记得放松病人的鼻翼）；吹气量：500—600ml；吹气时间：1秒钟；吹气时侧视病人胸部，刚刚隆起吹气就正好；胸外心脏按压与人工呼吸的比例为30∶2。

4.1.4.3 教学中加强应急心理训练，培养学生在紧急状态下的心理素质

很多人平时不重视应急知识以及能力的积累，当问题来临的时候才追悔莫及，不过在这需要注意的一点是当出现突发事件的情况下，并非所有学习过应急知识的人都能够妥善处理。现在有很多人，因为突发事件本身具有重要性且突然性，当面对问题的时候显得忙乱无措。在这里特别强调的一点是当碰到突发性灾难的时候，最重要的并不是将自己所学的知识进行运用，而是应该让自己保持冷静的头脑进行思考，这样才可以让自己得到互救以及自救。假如在现场之中出现骚乱的情况，所有人都只顾自己逃命，这样下来一定会使问题变得更加严重，并且还会导致压伤和踩踏等情况发生，其结果很难预测。

当开展体育教学过程的时候，其不仅仅要将教学的关注点放到专项技术上，同时也要重视学生自身身体素质的提升，在课堂上应该重视学生本身的意志品质和勇敢顽强的精神，支持鼓励学生之间互相信任，培养团结意识。在上课长跑、引体向上等练习项目中，女生天生有怕吃苦、怕出汗的思想，长跑练习主要培养她们意志品质和身体耐力素质。特别是男生能

够做的引体向上这项动作，当练习开始进行的时候，很多男生在做引体向上动作的时候很难做到5个，有的男同学连一个都做不起来，这可以看出男学生的上肢力量并不强，部分学生也对于引体向上这个动作并不在意，甚至有的学生认为一个都做不起来是非常正常的。通过互助以及互帮练习，将学生上肢力量得到有效的提升，除此之外还能够将学生之间的友情提升，将学生的思想从之前以自我为中心向团队意识转移，同时将学生怕苦怕累的毛病克服掉。站在专项学习的层面上来讲，其通常都是关注学生的自信心培养以及学习兴趣培养上，在上课的时候应该不定时地对学生进行检查考试和抽查。分组练习4—6人为一组，一组选出一名组长，由组长带领下练习。目的是培养学生的组织纪律观念、学生之间的关系协调能力、互动配合能力、个人自信心的展现能力及动作的创造能力。

4.1.4.4 教学中加强应急避险技能的训练，培养学生身体快速反应能力

通常所阐述的身体反应，其主要指的就是人体基于外界刺激的基础上，人体内部的中枢神经系统基于本能的状态下所产生的应对刺激的行为。在对学生进行体育课教学的时候，除了一些必备的体育课程内容之外，还应该在其中添加一定的应急避险基本技能练习。任何活动的前提都是基于身体素质，当身体素质处于良好状态下，就会使得人体脑部的反应速度加快。站在体育课的层面上来讲，其主要的目的是为了帮助学生锻炼良好的身体，从而帮助学生能够达到身心全面发展的目的。当危险到来的时候，学生能够以最快的速度冲出危险地带。通过对应急避险技能进行了解可以看出，其涵盖的学习内容有很多，因此作为老师而言，应该在不同的课堂上选取其中具体的一两项内容完成相关的练习工作，这样能够使得学生的身体素质得到全面且健康的成长。通常所提到的身体素质具体涵盖了耐力、速度以及灵敏度等。此时，学生的身体素质得到了有效的增强，并且学生的协调性、灵敏度以及中枢神经得到了增强，自身的应急反应及避险能力也就增强。下面所阐述的是应急避险过程中需要的基本技能。(见表4–6)

表4-6　应急避险的基本技能训练内容

目 标	内 容
发展快速奔跑能力	小步跑、高抬腿、后蹬跑、蛙跳、单腿跳、20米往返跑、50米短跑等。目的：在危险来临时，能够以最快的速度奔跑撤离。主要发展下肢快速摆动能力，可以放在准备活动里练习。
发展耐力奔跑能力	1500米、800米以及3000米长跑等。目的：当出现危险的时候，其可以长时间进行奔跑，从而将危险远离。其最需要发展的就是基于有氧状态的基础上，将自身的心肺功能进行提升。
发展上肢力量	单杠卷身上、向上爬杆及连续引体向上等。目的：当危险出现的时候，其能够从危险地段爬离。主要是将上肢力量进行练习。
发展腰腹肌力量	肋木悬垂举腿、身体一头起、身体两头起等。目的：面临危险的时候，在攀爬时需要用腰腹的力量，快速有效地脱离危险。主要加强腰腹肌肉的收缩力量。
发展负重和搬运能力	背人、抱人、扛人赛等。目的：在灾难发生后，能够帮助他人及时撤离危险区域。将腿部肌肉力量进行提升。
发展身体灵敏素质	后滚翻、前滚翻以及短距离折返跑、跨越障碍等。目的：灾难来临时，能够灵活快速有效地脱离险境。培养身体的灵敏度和大脑应急反应能力练习。主要发展思维应急判断能力和身体的灵敏度。
发展身体柔韧能力	侧身以及后腿的拉伸动作等。目的：将自身的整体素质提升，将肌肉韧带拉伤的概率减少，也是身体灵敏度的基础，身体的灵敏度是离不开肢体柔韧度的。可以在准备活动里练习。
发展身体躲闪技能及身体被人抱住脱身技巧	拳击、跆拳道。目的：在危险来临时，身体能够灵活地进行躲闪避险。发展身体快速应急躲闪能力。 身体被人抱住时脱身技巧。在危险来临时，身体能够快速灵活地自我脱身。

4.1.4.5 体育教师应该进行系统的培训

作为学校来讲，需要定期将体育教师组织起来开展相应的应急课程学习，内容包括心肺复苏、运动损伤与急救包扎等，将教师的综合素质能力得到提升。最近的这些年里，因为体育老师的综合身体素质有明显下降的趋势。2019年，南京市为了将体育老师的基本素质提升，因此也开展了首届高校体育教师体能大赛，体育教师在开展应急避险能力时，应该尽自己最大的努力做好有关的体育教研活动，并且做好相关的教学反思和教学实践工作，同时做好相互交流的工作，将教学方案进行改进和优化，这样能够将之前传统的教学模式改善。

4.1.4.6 改变传统的体育教学模式

传统的体育教学内容较为单一化，学生只要完成教师教授的技术内容就可以了，与现实生活并没有多大的关联性，也不能用到日常生活中去。为了改变这样的教学模式，我们需要将实际的生活同体育教学进行很好的融合，同时借助情景模拟的方式来对实际生活中出现的情况完成模拟，这样的方式能够将学生对学习的兴趣和热情调动起来，同时将学生的应变能力增强，最终让学生在参与的过程中得到想要的经验。

4.2 中学生应急避险教育及改善途径

4.2.1 中小学应急避险问卷分析

4.2.1.1 对中小学生应急避险了解情况的分析

被调查者中只有6%的中小学生完全了解什么是应急避险，有13%的中小学生是比较了解应急避险的，有54%的中小学生只是知道一点相关内容，有27%的中小学生完全不了解应急避险。这能够说明，超过50%之上的中小学生并不了解、不清楚应急避险的有关认识，有19%的学生没有对应急避险有深度的认识，借助以上的了解可以看出，在未来的进程中老师以及学校对应急避险的宣传都应该加强。（图4–1）

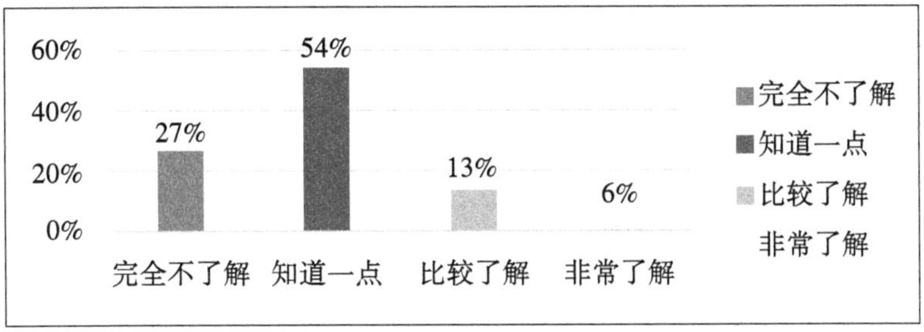

图4-1 南京市中小学生对应急避险的了解情况（N=186）

4.2.1.2 对中小学生应急技能掌握情况的分析

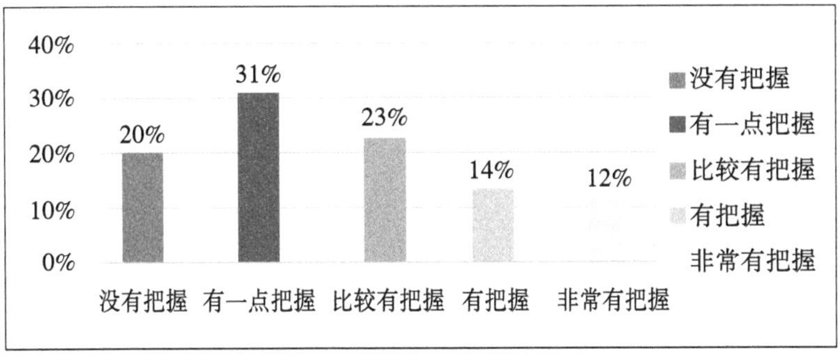

图4-2 南京市中小学生在遇到溺水时，自救、互救情况的自身我评价（N=186）

通过图4-2的结果显示当遇到溺水事故发生时，有20%的学生没有把握自救和互救，有31%的学生只有一点把握，仅仅12%的学生非常有把握。

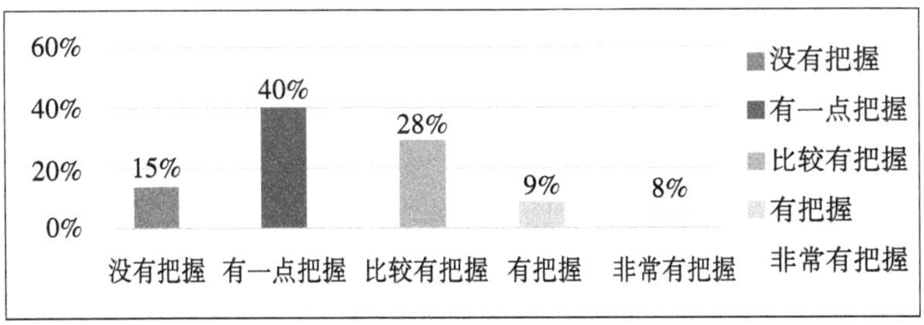

图4-3 南京市中小学生遇到危险的时候，

是否有把握借助周边大件漂浮物以及固定物逃生的自我评价（N=186）

通过图4-3的结果显示，没有把握逃生的学生占到了15%，有一点把握的学生占到40%，仅仅8%的学生非常有把握。

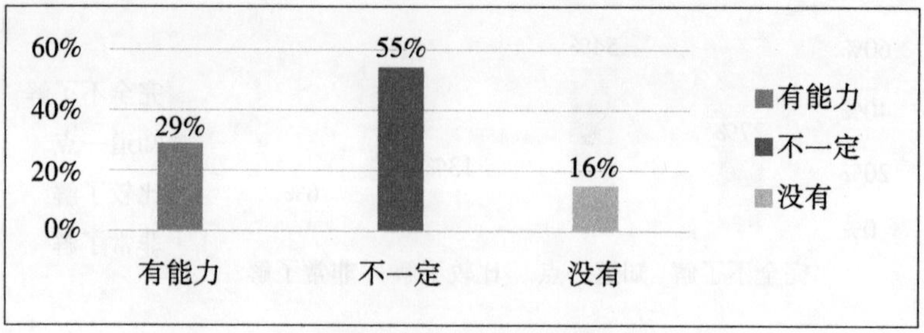

图4-4　南京市中小学生在地面危险的情况下，

会不会将物品安置于高处能力的自我评价（N=186）

通过图4-4的结果显示，有能力的学生占到29%，不一定的学生占到55%，没有能力的学生占到16%。

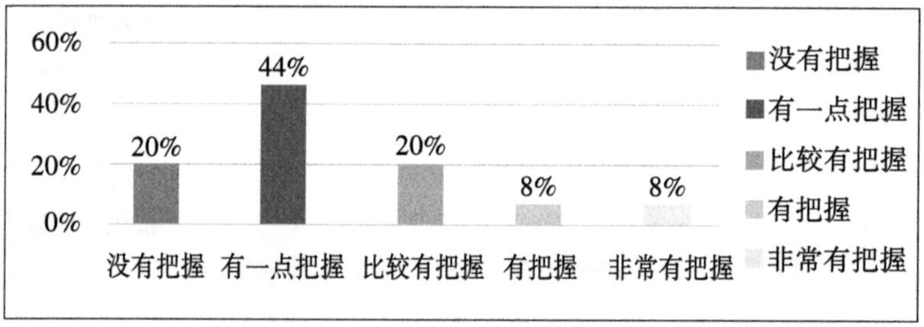

图4-5　南京市中小学生身处危险空间的情况下，有没有把握

逃离事故现场的自我评价（N=186）

通过图4-5的结果显示，选择没有把握的占到了20%，有一点把握的占到44%，非常有把握的只有8%，高达92%的中小学生不是非常有把握，由此就表示当遇到地面危险或者是溺水情况下，其可以依赖自身的应急能力来获救的学生并不多。中小学生应急技能掌握情况非常之差，亟须引起各方面的重视，学生应急能力亟须提高。

4.2.1.3 中小学生体育课应急避险教育现状分析

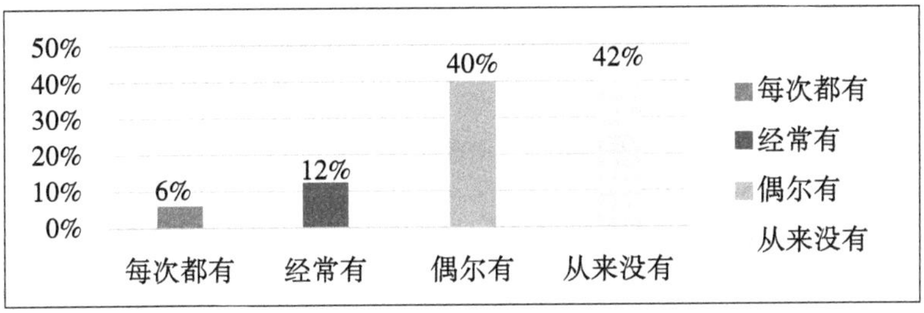

图4-6　南京市中小学体育老师体育教学过程中，

针对应急能力身体素质安排练习的情况调查（N=186）

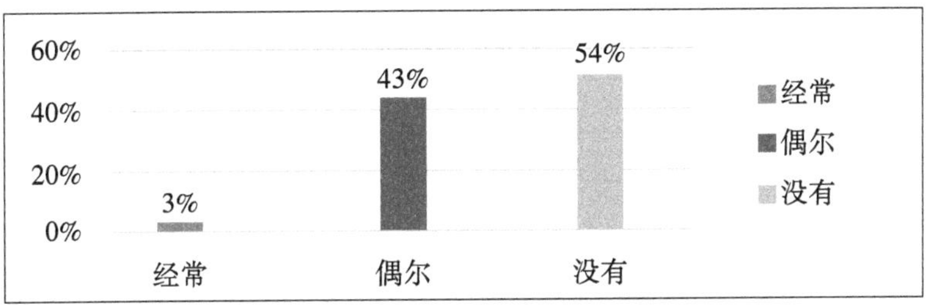

图4-7　体育教学过程中，体育教师针对应急能力或意识的培养状况（N=186）

综合分析图4-6、图4-7，当开展体育课的时候，作为体育老师而言其会不会针对自身的应急能力来安排与之相应的身体素质训练，同时对碰到的突发情况是不是具有对应的应急能力和意识，调查结果说明，体育课上经常强调应急能力的只占3%，从来没有的占54%，偶尔有和从来没有安排对应身体素质训练占到了82%，比例极高。由此可以看出，在应急教育方面的漏洞是很大的，当开展体育课的时候应该添加有关的应急方法，同时作为老师以及学校来讲都需要在此方面引起重视。

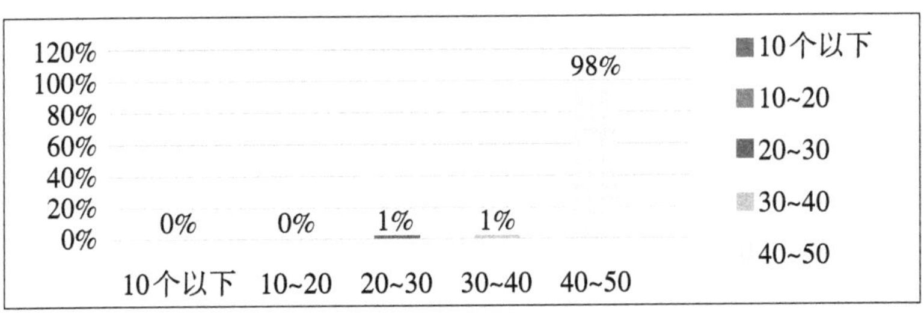

图4-8　体育教育每班授课的学生数量（N=186）

如表4-7所示，中小学老师每节体育课教授学生人数中，有98%的学生所上体育课都是40—50人，管理人数较多，教师无法有效教授应急相关知识以及技能，由于中小学生自制力较差，教师也无法保证学生有效吸收应急知识。

表4-7　南京市中小学生认为在体育课上培养应急避险能力会遇到的困难情况（N=186）

题目	困难类型	频数	频率
你认为在体育课上培养中小学生应急避险能力可能会遇到哪些困难	学生不重视、不配合	63	0.339
	学生太多、不好控制	10	0.054
	主科占用体育课时间、一节体育课时间太短	6	0.032
	身体素质不好、体能不够、没有耐力、坚持不下来	24	0.129
	容易受伤	14	0.075
	中考不考	6	0.032
	很苦、不认真学、不愿练习	11	0.059
	老师不知如何培养	10	0.054
	缺少装备、器材、设施	19	0.102
	学起来有困难	17	0.091
	不感兴趣	6	0.032

通过对表4-8的内容进行了解可以看出，如果想在体育课之中添加应急避险能力，那么其最为有困难的问题就是学生的不配合以及不重视，并且学生的身体素质以及体能都有待于完善和提升，这些问题都使得学生的学习难度提升。

4.2.1.4 对中小学校应急情况的调查与分析

为了能够将中小学校在应急避险以及应急教育方面的宣传力度提升，此时在设置问卷的时候需要设定两个问题，第一个就是“学校之中是否存在突发事故练习的活动”，第二个是“学校之中是不是存在对于应急教育的宣传活动”。

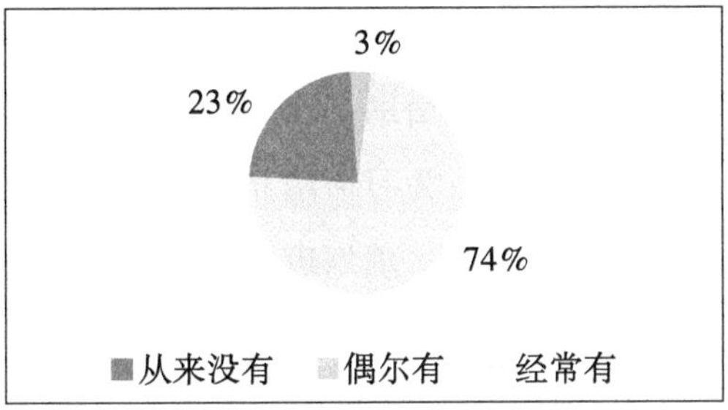

图4-9　南京市中小学校有没有进行过针对突发事故的演练情况（N=186）

如图4-9显示，偶尔进行过突发事故演练的学校占74%，经常有的占23%，说明虽然77%的学校不是经常进行演练，但是97%的学校都有防范的意识，只是74%的学校实践较少，需要加强。

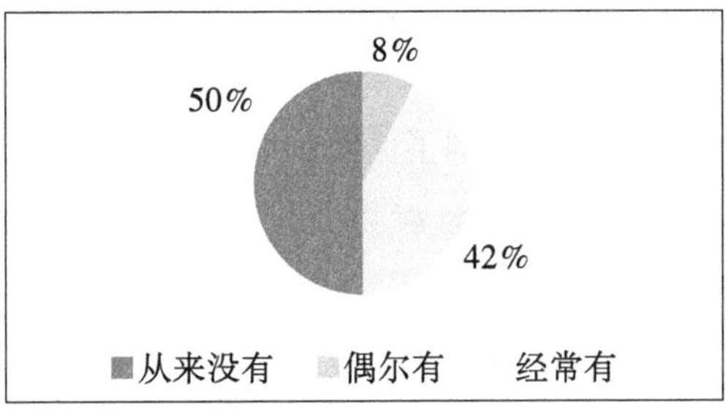

图4-10　学校有没有针对应急避险教育进行过相关宣传的情况（N=186）

如图4-10所示，有半数学校从来没有对应急避险教育进行宣传，有42%的学校经常进行宣传，但还是存在8%的学校偶尔进行过相关宣传。

4.2.2 影响中小学生应急避险能力的因素

4.2.2.1 学校因素

作为学校领导者而言，需要对学生培训学习以及应急能力有充分的认识，在学校大环境下，管理者要充分发挥主观能动性，各个部门应支持配合，鼓励老师与学生共同重视应急技能的训练，包括：设计应急能力训练计划方案；完善的设施、器材，确保学生在训练过程中能够顺利进行。

2018年12月26日，济南市泉星小学为了强化普及消防安全知识，提高师生防控火灾的能力，有效预防和遏制火灾事故的发生，开展相关的消防安全应急疏散演练活动。借助这一次演练的方式，将学校的管理水平以及安全应急避险能力提升，同时借助本次的活动从而使得疏散和营救能力提升，由此将学生本身的应急行为习惯培养起来。演练开始前，学校各班级观看逃生视频，讲授逃生知识，规划班内逃生路线，确保从前后门有序疏散。并且安排走廊逃生路线，避免踩踏，明确逃生集合地点。此次演练仅用时1分40秒，比上月提高了9秒之多。可不要小看这9秒，9秒能争取更多的逃生机会。本次消防演练有力地强化了师生的安全意识，这样可以使得原本枯燥无味的安全演练宣传转变为具有实战性的演习，由此能够对老师和学生起到很好的教育作用，这样就能够将师生的自救技能和安全意识最大程度地提升。

2008年5月12日，四川省汶川县发生大地震，临近北川区域的安县桑枣中学，在这场大地震之中受到了巨大的财产损失，却无一人伤亡。因为平时该学校非常重视学生应急演练，所以当真正出现地震的时候，学校的2200名学生还有老师都能有条不紊地来到安全地带，这个时间仅仅花费了1分36秒，在这场大地震中该学校没有一人伤亡，这也是历史上的奇迹。

4.2.2.2 教学因素

对于不同年级大中小学生的体育教学，因年龄和所在地域的自然和经济环境的不同，而对其教授的内容和方式上有所不同。但树立锻炼理念，养成运动习惯，提高运动技能，防止运动伤害，促进学生身体发育和健康发展是不变的主题。在这个前提下，体育教师可以在教学大纲的基础上因地制宜设计各种模式和内容，以提高学生的应急避险能力和技巧，也必须注意防范教学活动中的各种意外，并学会处理方法。

4.2.2.3 学生因素

（1）身体生理机能：中小学生尚处在生长发育期，力量、速度和敏捷性等尚处于薄弱期。例如，在发生地震时，由于力量不足或者速度不够无法及时逃出。

（2）运动技巧：由于缺乏游泳、攀爬等运动技巧，致使遭遇溺水事故时发生意外。

（3）情绪以及心理调节：当意外来临的时候，其内心的恐惧会由于意外的来临而被无限扩大，当溺水者落水之后会因为恐惧而乱抓，最终使得自身和救人者都出现意外，因此有些学生即使拥有运动技巧，在面对突发事故时，也无法脱险。

（4）应变能力：当遇到危险情况下的处理能力，比如煤气泄漏和火灾等事件的处理等。

4.2.3 加强中小学生应急能力的对策

4.2.3.1 加强应急意识，借鉴八项原则

2007年，应急管理研究所推出八项原则，这八项原则在世界范围被广泛地推广。①综合化原则：针对不同阶段工作和不同类型的灾害以及不同的影响来完成相关的综合管理工作。②针对性原则：针对以后会出现的灾害完成合理的评估和预防等准备。③风险驱动原则：基于风险分析和危害识别的相关结果来讲资源合理的配置。④统一原则：保证不同类型的组织和机构得到统一，从而使得推进工作可以有条不紊地进行。⑤合作原则：创建同时保持个人以及组织之间的交流和沟通，从而提升内部的信任度，最终使得合作更加顺畅。⑥协调原则：将不同层面的关系进行协调，从而为目标的完成和实现一同努力。⑦灵活原则：使用不同类型的方法，将工作有效展开。⑧专业化原则：借助培训和教育以及实践的方式，将自身的专业化水平提升。

4.2.3.2 确立校园应急发展目标，形成应急教育系统化管理

作为学校领导来讲，需要确定学校的发展目标，在这个基础上做出长期且科学的计划，分步骤将学生本身的应急能力提升，由此产生具有学校特色的应急文化。学校应该从组织文化的显性内容入手，包括设置规章制度，强制应急体育教育进入体育课中，印制宣传文化衫，设置宣传标语，

制作面对事故的逃生方法宣传板，传授应急技能，制作宣传手册，确保每生一册，有能力的学校可以建设标志建筑用以宣传等。另外，领导起带头作用学习应急技能，进行身体素质训练等，并对能够较好掌握应急技能的学生进行表扬奖励。组织文化由外而内逐步发展，逐渐形成正确的应急体系，发展形成组织的隐性文化。

4.2.3.3 设置应急课程，有效设置课程，减小管理幅度，加强应急体育教育

为了能够将学生的应变能力提升，通过了解可以看出，中学体育教学需要添加的内容是：身体素质训练和应急意识教育等。假如体育课的课时为45分钟，那么以上所阐述的所有课程花费的时间应该在10分钟左右，这些安排是比较科学的。

体育课上，教师需进行动作示范、教学讲解等常规教学，与其他文化课程不同，体育教师消耗精力更大。由于教师精力有限，为了更好地进行应急体育教育，体育教师需要有更多的示范以及更多的针对性教学。因此，体育教师对学生管理幅度在20—30人为最佳，即每节体育课老师教授20—30人。站在课程设置的层面上来讲，作为体育教师来讲，需要基于具体的情况，从基础上确定合理且完善的目标计划，并且分时期地完成训练，这样才能够将学生应急能力提升。

4.2.3.4 激励体育老师储备应急技能，加强应急体育沟通交流

体育教师在体育课上对学生的引导是中小学生学习应急技能的主要途径，体育教师是其中最重要的一环。因为老师的人才储备不够，有的教师本身的应急知识储备有待于提升，针对于此学校需要强化对教师的培训力度，请专业人士讲座。学校之间，应针对如何提升学生应急水平进行交流学习、多做汇报；教师之间，应针对如何教授和提升应急技能进行交流学习，做到知识共享、资源共享。学校应尽力防止具备优秀应急知识的教师跳槽，造成人才流失，使应急教育的业绩和奖励相挂钩，激励体育教师进行应急教育。

4.3 社区居民应急体育现状分析

4.3.1 社区居民应急体育现状分析及改善措施

4.3.1.1 社区居民突发事件应急管理的重要性

任何城市之中最为基础的构成部分就是社区，社区是城市发展的细胞。站在国家层面上来讲，其应急管理的基础也同样是在社区，并且社区还是执行我国应急管理政策方针，应对以及预防突发应急事件的前线阵地。社区本身是所有类型的灾害承受的主体，其在突发公共事件应急工作中担任着非常关键的角色。在应急管理工作中，社区可以将社会人员的作用充分地发挥出来。除此之外，社区也能够将居民的应急意识以及应急知识的宣传工作处理完善。社会组织与居民之间的连接桥梁就是社区。不仅如此，社区成员可以组建紧急救援队伍，减少生命财产的损失和帮助应急事件发生后的恢复。

教育部对十二届全国人大五次会议第1152号建议的答复中指出，中国的未来属于年轻一代，做好青少年自护教育，关系中华民族伟大复兴。教育部协同中共中央宣传部、公安部、文化和旅游部、工商总局、新闻出版广电总局，结合学生的年龄特点和认知发展规律，在校内外开展自护知识普及教育，提高青少年面临突发安全事件时自救自护的应变能力，最大限度地减少安全事件对青少年造成的伤害，共同为青少年打造健康成长的良好环境。因此，做好社区应急管理服务对青少年的生命安全和健康成长具有重要意义。

4.3.1.2 社区居民每周体育锻炼频数分析

通过对南京市随机发放的200名普通社区居民的调查发现，一共有34名社区居民几乎从不进行体育锻炼，占总人数的17%，每周锻炼次数为

1—2次的社区居民为82人，占总人数的41%，每周锻炼次数为3—5次的社区居民为56人，占总人数的28%，而几乎每天都进行体育锻炼的社区居民为28人，占总人数的14%。通过数据显示可知，每周锻炼1—2次的社区居民占据主要地位，可以看出社区居民在身体素质锻炼方面还有很大的提升空间。(见表4-8)

表4-8 南京市社区居民每周体育锻炼频数统计表(N=200)

频　数	几乎没有	1—2次	3—5次	几乎每天	合　计
人　数	34	82	56	28	200
百分比	17%	41%	28%	14%	100%

4.3.1.3 社区居民应急意识现状分析

通过对南京市随机发放的200名普通社区居民的应急意识调查发现，一共有93人认为在自己身边会发生应急事件，占总额人数的46.5%，一共有22人认为在自己身边不会发生应急事件，占总人数的11%，而有85人不确定自己身边是否会发生应急事件，占总人数的42.5%。通过数据显示可知，社区居民的危机意识缺乏，应急意识有待加强。(见表4-9)

表4-9 南京市社区居民应急意识统计表(N=200)

	会	不会	不确定	合计
人　数	93	22	85	200
百分比	46.5%	11%	42.5%	100%

4.3.1.4 社区居民应急避险能力现状分析

通过调查社区居民自己是否具有应急避险能力发现，有44名社区居民认为自己具有应急能力，占总人数的22%；有40人确定自己不具有应急避险的能力，占总人数的20%；而有106人表示不确定自己是否具有应急避险能力，占总人数的58%。很明显可以看出，绝大多数社区居民在应对应急事件时缺乏信心。(见表4-10)

表4-10　南京市社区居民是否具有应急避险能力统计表（N=200）

	有	没有	不确定	合计
人　数	44	40	106	200
百分比	22%	20%	58%	100%

4.3.1.5 社区居民应急身体素质需求现状分析

通过调查社区居民的应急身体素质和能力需求发现，在对应急事件的需求素质方面，对事故的分析判断能力、心理素质这两项能力需求排在了第一位和第三位，占总人数的比例分别是75.5%、67%；而传统的力量、速度、反应、柔韧、耐力五大身体素质中，反应素质排在了第二位，占总人数的69.5%，说明居民意识到了对应急事件快速做出反应的重要性；力量、速度、耐力、柔韧这四项素质需求排在了第四至七位，需求比例分别是54.5%、49.5%、37%、25.5%。对事故的分析判断能力、心理素质和反应能力的需求超过了对传统的力量、速度、耐力、柔韧四项素质能力以及对其他的一些能力的需求，说明社区居民需要对应急事件判断方面的知识以及在面对应急事件时的心理素质方面的相关知识。（见表4-11）

表4-11　南京市社区居民应急身体素质和能力需求统计表

序号	需求素质	需求人数	百分比	排序
1	力量	109	54.5%	4
2	速度	99	49.5%	5
3	反应能力	139	69.5%	2
4	柔韧	51	25.5%	7
5	耐力	74	37%	6
6	心理素质	134	67%	3
7	对事故的分析判断能力	151	75.5%	1
8	其他	16	8%	8

4.3.1.6 社区居民体育应急知识宣传现状分析

通过对社区体育应急知识宣传状况调查发现，社区定期进行体育应急知识宣传的一共有8人，占总人数的4%；社区偶尔进行宣传的有20人，占调查总人数的10%；有172位社区居民选择了社区几乎没有进行体育应急知识宣传，占总人数的86%。由此可见，大多数社区并没有定期进行体育应急知识的宣传，社区在这方面的工作具有极大的提升空间。（见表4-12）

表4-12　南京市社区体育应急知识宣传状况调查表

	定期宣传	偶尔宣传	几乎没有	合计
人　数	8	20	172	200
百分比	4%	10%	86%	100%

4.3.1.7 社区信息传递系统是否及时现状分析

通过对社区信息传递系统是否及时的调查发现，有24人认为自己所在的小区信息传递及时，占总人数的12%；有54人认为在其所在小区信息传递不及时，占总人数的27%；而有122人认为自己所在的小区没有信息传递系统，占到总人数的61%。由此可见，大多数社区没有建立应急信息传递系统，或者应急信息传递系统并不健全，以至于应急信息传递不及时。（见表4-13）

表4-13　南京市社区信息传递系统是否及时情况调查表

	及 时	不及时	没有信息传递系统	合计
人　数	24	54	122	200
百分比	12%	27%	61%	100%

4.3.1.8 社区居民应急救援队伍建设现状分析

通过对社区是否具有应急救援队伍的调查发现，一共有3名社区居民知道自己社区组建有应急救援队伍，占总人数的2.16%；有50名社区居民认为自己所在小区并没有组建应急救援队伍，占总人数的35.97%；有86名社区居民不清楚自己社区是否组建有应急救援队伍，占总人数的61.87%。由此可见，很大部分社区到现在为止还没有搭建起相应的应急救援队伍，并且也有一些社区自身的应急救援信息还有待于透明化以及完善。（见表4-14）

表4-14　南京市社区应急救援队伍建设情况调查表

	有	没有	不太清楚	合计
人　数	3	50	86	139
百分比	2.16%	35.97%	61.87%	100%

4.3.2 社区居民应急管理存在的问题

4.3.2.1 社区应急管理组织机构不完善，责任不明

截止到现在，在遇到一些突发公共事件的情况下，社区中的有关部门本身的应急管理工作责任制也处于不完善的状态，其具体的责任落实工作还没有到位，部分部门相互之间的职责没有划分清楚，存在相互推卸还有职责交叉的情况。社区之中的应急管理相应的组织架构还是处于比较松散的状态，绝大部分的社区之中没有配置相应的管理工作人员，阻碍了工作的顺畅进行。

4.3.2.2 社区应急预警系统与预案不完善，缺乏公众监督

通过对社区预警系统进行了解可以看出，其本身存在不完善的情况，并且其中的不完善一般都是体现在危机预警设备上。因为社区自身的经费支持是很少的，这样就导致社区应急没有充分的准备，同时自身的应急资源也不充足，自身的应急基础设施有待于优化。比如说部分的社区会出现灭火器遗失以及失效的情况，同时公众监督意识也不高，社区本身的预警系统也有很多需要完善的地方。截止到现在，通过社区制定的预案一般都会出现格式上的问题，并且其内容也有待于完善，很多的应急只是简单停留在字面意义上，绝大部分的预案进行确定的时候是没有通过合理的风险评估以及调查论证环节的，这样的情况下，假如出现问题，那么其危险性就会提升。

4.3.2.3 信息传递系统不健全，机制不完善

在社区应急信息网络的创建过程中具有一定的滞后性，其中的信息会出现瞒报、漏报以及谎报的现象。另一方面，社区的信息传递系统不健全，公众无法第一时间接收到应急信息。

4.3.2.4 社区管理者和社区居民缺乏危机意识

截止到现在，我国大部分民众，尤其是青少年本身的避险逃生以及危机意识通常都是非常缺乏的，当危机来临的时候这部分人的应对能力并不强。比如说南方雪灾这个事件之中就展现出了民众互救以及自救能力低下的问题，每年夏天来临之际总会出现青少年溺水情况。假如社区之中突然发生了突发公共事件，此时如果社区居民抑或是管理者本身的危机意识不足的情况下，就会影响到社会以及大众的心理。

4.3.2.5 针对青少年等相对弱势群体的保护意识和设施不足

通过对突发公共危机事件进行详细的了解可以看出，其中具有的明显特点就是突发性以及不确定性，其中重特大灾害所涵盖的范围非常广泛，并且其具备较大的破坏力。所以，尽自己最大可能做好避难场所设置以及应急物资储备工作是非常重要的一步。部分社区的防灾减灾物资储备数量不够且品种不全，这些情况都使得管理工作面临着巨大的考验和安全隐患。不仅如此，因为存在主客观因素的影响，一些社区本身还没有创建应急避难场所，更没有针对青少年等相对弱势的群体来建立相应的保护措施或机制。在建设或设立了应急避难场所的社区里面，其并没有详细地划定相关的应急避难场所，并且有些区域的应急避难场内部并没有清晰的指示标识，其中的供电和应急供水以及通信等设施都不完善，当出现突发事件的时候，其很难将应急避难场所的效用充分地挖掘出来，因此也不能够确保社区居民被快速地安置。

4.3.2.6 志愿者紧急救援队伍成员参与不足

志愿者紧急救援人员的年龄、文化素质以及职业等方面存在差别，此时展开演练以及培训就是接下来面临的非常实际的问题。社区内部的志愿者绝大部分都是由低保人员以及退休人员构成的，参与的居民大部分都是不在职的。同时，经过有效的调查和研究可以看出，其中志愿者组织成员通常都是大于45岁，占比例最大的就是60岁。当出现突发事件的时候，以上所阐述的这些老龄化志愿者自身的应急能力不足。

4.3.3 社区居民应急管理与应急能力对策

4.3.3.1 梳理管理体制，明确应急责任

经过详细了解我国社区的具体情况可以发现，其本身具备了很多的特点，比如说管理主体多元化以及管理方式多样性等。一般情况下，社区的管理主体以及类别是较难进行划分的。除此之外，如果想确保社区本身的应急能力和应急职责匹配，就需要在自身拥有应急能力的基础上，将应急职责进行分配。

4.3.3.2 完善应急预案，建立信息传递网络，提高预警能力

通过创建完善且合理的监测预警机制，将自身的预测能力提升。首先是社区应急管理机构需要搜集和分析应对突发事件相关的动态信息，需要对政府部门所公布的环境、地质以及气象等灾害的信息进行关注，同时同本社区的实际状况进行有效的结合，全力以赴将监测预警工作做到尽善尽美。作为社区应急管理机构来讲，应该及时发布预警信息，这样可以为公众起到一定的预警作用。其次是需要健全和完善风险隐患排查制度，创建高效的风险隐患治理长效机制。将不同类型的隐患所对应的评估和排查工作做好，这样就能够将数据库创建出来，同时关注重大危险隐患，努力地完成应对工作。加强消防和政府安全监督以及综合治理等有关部门的引导，鼓励所有社区居民以及组织都能够一同参与隐患排查监管工作，假如

在工作的过程里面发现了风险隐患，那么需要将众多的力量结合起来，使安全隐患在最短的时间内消除。

4.3.3.3 加强社区管理与监督机制，储备应急物资及设施建设

社区在面临应急突发事件中，其最为基础的保障就是应急物资储备，这也是社区应急能力之中非常关键的构成要素。因此，需要基于能源物资以及应急处置装备等的基础上创建有效的应急物资储备体系，从而使得社会组织储备和政府储备能够有效地融合在一起。

如果想将城市应急避难设备的建设工作进行完善，那么就需要同当前的居住人群、地理环境以及地形地貌的情况相适应，对当前小区中的绿地和休闲广场等空间进行充分的利用，从而创建出具有综合性以及安全的应急避护体系。

4.3.3.4 加强应急救援队伍组建工作

将社区的支援队伍以及综合应急队伍的建设速度提升上来，在志愿者队伍以及应急队伍之中添加社区居民。确保其内部的组成人员都具备基础的医疗急救以及水电维修等方面的经验和特长，同时参照有关的专业特点来确定每个人的工作任务，一般都会包含社会风险隐患排查、应急知识的宣传和学习等。

4.3.3.5 完善社区体育锻炼场所和体育锻炼设施

为社区居民提供一个良好的生活锻炼环境，提升自身能力。此外，定期通过社区通知栏或社区微信公众号推送文章提醒社区居民居安思危，提高危机意识。

4.3.3.6 社区居民应根据自己的实际情况进行针对性的身体锻炼

社区管理者可通过社区公告橱窗、社区安全讲座、社区微信公众号等多种渠道和方式，定期推送各种应急事件的应对知识和心理应对技巧供社区居民学习借鉴。

第5章　生命安全教育视域下江苏省青少年应急体育的构建体系

5.1 生命安全教育视域下江苏省青少年应急体育的构建理念

5.1.1 以学生的现实需求为主要原则

在选择体育教学内容的时候，应当将学生的生命安全作为所有教学内容的出发点与落脚点。在实施任何体育教学项目的时候，都必须将学生作为主体，要尽量站在学生的角度选取教学内容，要确保始终贯彻学生的主体地位。不管是体育教学课程，还是其他学科教学课程，都应当从生活当中获取素材，同时也需要回归到生活当中去。学校体育教学主要就是让学生们进行身体锻炼与应急避险技能练习。与此同时，还要教会学生们准确地判断和预测其周围环境。只有这样，才可以实现保护自身安全和保护他人安全的目标。

5.1.2 以学生为主体，激发学生的兴趣

目前，很多学校在开展体育课程教学的时候，有不少体育教师都将教学重点放在了动作技巧教授与技术教导上面。这种教学形式很容易让学生感觉到枯燥无味，而且也极大地限制了学生们的创新能力与思考能力。现在有很多学校在进行体育教学的过程当中，都没有真正地实现将学生作为主体、最大限度地激发学生们的学习热情的目标。同时，也忽视了广大学生的个性发展需求。想要妥善地解决此类问题，作为体育教师，首先就需

要从思想上进行转变。要打破传统的师生观念、权威观念，需与学生保持平等的关系。最重要的是，学生作为主体，在教学工作中占重要地位，同时课程中教师要培养学生们学习兴趣，激发学生们的锻炼热情，从而让学生们更加积极主动地进行体育锻炼。

5.2 生命安全教育视域下江苏省青少年应急体育的构建原则

5.2.1 教学目标生命安全化原则

教育回归生活，是人们对教育最直接也是最根本的期望。体育来自人类社会的生活和生产活动。现阶段，国内各级学校对于在学校体育课程里面开展生命安全教育以及应急避险能力培养，很多是持有无所谓的态度。只有部分学校会在进行体育活动安全教育的时候，提到一些关于生命安全教育和应急避险能力教育的内容。因此，在体育教学课程里面融入生命安全教育和应急避险技能教育并不是一件容易的事情。生命安全教育属于系统性的教学理念。而且，目前我国各个学校的生命安全教育都没有设定一个明确可行的目标。因此，在学校体育课里面融入生命安全教育和应急避险教育，首先要解决的问题就是，确定一个完善的、清晰的教学目标。生命安全教育目标的确定，可以为后续教学工作的开展打下扎实的基础。

5.2.2 教学方法个性化原则

体育教学方法指的是在进行体育教学的过程当中，以基本教学理念为原则，通过使用场地、设施、器材，并采取不同的形式实现体育教学目标。很多时候，国内的体育教师都是将教学重点放在了“教”上面，往往会忽视“学”这个环节。这种体育教学方法对于学生的体育技能发展是非常不利的。体育教学方法应当具备多样性与个性化的特点。只有采取丰富多样的体育教学方法手段，才可以让学生们更加体验和感受到体育的独特魅力，才能够最大限度地激发出学生们的体育学习热情和积极性，最终获得好的体育教学效果。

5.2.3 教学评价多元化原则

以往体育课程综合成绩的评价都是采取教师单向评价的形式。老师给学生进行评价，这种评价方式是最常见的，也是最具有权威性的。可是，我们都没有明白一点，对学生的体育学习情况最清楚的其实正是学生自己。随着社会的不断发展，广大教师们的教学理念和教学方式也发生了翻天覆地的变化。有些教师就深刻地认识到了，现在的学校教育，学生是占据着决定性主体地位的。尽管有不少教师都认同学生在教学活动中的主体地位，但是在进行教学评价的时候，往往又会忽略学生自身的评价和感受。在对体育教学成绩进行评价的时候，应当采取多元化原则。要结合不同地区、不同学校的实际情况设计出符合自己学校的评价形式和方式。最好是能够让所有的老师和学生都参与到教学评价活动当中来，同时，还需要保证评价方式是具有可行性与可操作性的。

5.3 生命安全教育视域下江苏省青少年应急体育的构建内容

5.3.1 体育理论课的教学

在体育理论课堂上需要向学生们讲解很多方面的知识。首先，需要向学生们讲解基本生理知识和生理解剖知识。主要目的是让学生们了解到人体在处于应激状态的时候，身体机能会出现怎么样的变化，也要让学生们明白在身体出现不适的情况下需怎样解决和处理。其次，还可以通过播放安全影片、讲解典型案例的形式给学生们传授生命安全知识。另外，还需要向学生们讲授运动损伤防范措施、处理防范措施等。最后，还应当向学生们讲解关于野外生存、灾后自救等知识。

5.3.2 体育实践课的教学

在体育实践课程当中，体育老师可以采取情景模拟等不同的实践教学方式，设定出各种不同类型的危险情况，让学生们都参与其中，亲身体验和感受这些危险情境。通过这种情景模拟演习，不仅能够帮助学生们提高自我保护能力、自救和他救能力，而且还可以提高学生们的心理素质，培养学生们遇事不急、从容应对各种危机事件的能力。

5.3.3 定期举办生命安全运动会

定期举办以生命安全教育为主题的运动会。此外，还可以在主题运动会上开展安全教育知识竞赛活动，还可以进行应急避险知识与技能比赛。通过运动会、竞赛的形式，让学生们的身体得到锻炼。更重要的是，采取这种灵活多样的教学形式，可以最大限度地激发出学生们的参与热情和积极性。在运动会和竞赛的过程当中，学生们就可以将所学到的理论知识应用到实践当中去，真正实现学以致用的目标。此外，学生们在比赛、运动的过程中，自身的生命安全意识、自我保护意识也会得到不断强化。

5.3.4 加强社会资源的利用

提高广大学生们的生命安全意识和自我保护意识，不断树立科学的生命安全观，并非一朝一夕就能够完成的，这是一项系统性工程项目。这项工作单单依靠学校的力量是无法完成的，还需要联合社会、家庭等多方面的力量，将各项社会资源都充分地利用起来，才可以帮助学生树立起正确的生命安全观。比如，学校可以和公安部门、交通部门、消防部门等进行合作，一起组织消防演习等不同形式的实践活动。

5.4 生命安全教育视域下江苏省青少年应急体育的构建体系

5.4.1 组织体系

国内有部分教育专家学者就提出，我国青少年进行生命安全教育的时候，必须将“学校、家庭、社区、社会团体”四位一体的力量进行整合，要建立健全安全教育教学体系。只有联合各方力量，通过完善的组织体系，才可以实现培养青少年的安全意识和自我保护能力的目标。学校教育就应当把各种生命安全相关知识融入学校体育课程教育当中。另外，社会各界也需要不断提高对学生生命安全教育的投入力度与关注度。只有这样，才可以全面推动我国青少年生命安全教育的顺利开展。

5.4.2 课程体系

在学校体育课程中添加生命安全教育的内容，其中最为基础的是保证生命安全教育正规化且常态化。在课程体系方面，首先，需要创编生命安全教育教材。不管是文化课程还是体育课程，都需要建立全面完善的教材，这是所有课程顺利实施的重要前提。按照生命安全教育的不同角度，可以把生命安全教育的教材划分为下述几个不同的类型：逃生技能类、心理教育类、社会安全类等。其次，还需要针对不同课程体系展开对应的情景模拟演练。在体育教学课程中，我们通过采取体育游戏等形式来让学生们切身地体验和感受到各类突发事件的危机感和紧迫感。如：模拟发生火灾时、突发交通事故时、体育运动损伤时等项目。在游戏过程中，通过模拟不同情景来不断强化学生的心理控制能力和实践操作能力，使学生们在掌握技能上和心理承受能力上得到了持续不断的锻炼。

5.4.3 评价体系

我国各级学校可以参考、借鉴日本的体育教育评价体系，该评价体系具有较高的可行性与可操作性。日本的体育教育评价是全校教师和学生都一起参与的。通过合理科学的评价体系，可以确保体育安全教育教学活动能够顺畅地完成，从而确保学生获得良好的学习成果。一般情况下，学校体育教育的评价内容主要是有：逃生技能、运动技能、救护技能、生活安全知识等。

5.5 生命安全教育视域下
江苏省青少年应急体育的构建保障

5.5.1 让生命安全教育在中学体育教学中实现制度化

学校体育教学课程的教材内容是比较繁杂的，而且互相之间并没有非常紧密的逻辑关系，也就无法针对这些体育教学内容进行归纳、整理。因此，体育教学大纲相对而言是有些笼统的，缺乏针对性。对于运动技术的教学培养是过分关注的，而且是将学生运动动作的规范度当作学生的体育成绩，这种考核评价方式是非常片面的。将生命安全教育纳入中学体育教学体系当中，就应当安排专门的课程来进行生命安全知识教育和应急避险知识教育。要让生命安全教育在中学体育教育当中逐步实现制度化、标准化。

5.5.2 体育教学环境的创建

体育教学课堂和其他学科课堂相比而言，更具有开放特性，也更加特殊。学生在体育课堂当中，是需要同时进行身体锻炼与运动技术练习。在体育教学课堂上，学生们不仅需要接受生理考验，还需要承受心理考验。因此，必须创建一个良好的体育教学环境。在学校体育教学课里面融入生命安全教育内容，需要结合当地实际教学资源进行有机的融合，要不断完善和健全学校体育教学相关内容，尽可能满足生命安全教育的实际发展诉求。

5.5.3 师资保障

5.5.3.1 树立生命安全意识

体育教师在教学过程中首先要明确生命最基本的含义，还需建立起正确的生命观和安全观。体育教学在进行体育教学活动的时候，不单单是扮演着组织设计与施行的角色，同时还肩负有倡导生命安全意识的责任。作为体育教师，自己必须先掌握正确的生命安全观，还需要不断强化自己对生命安全教育的科学认知。只有这样，才能够最大限度地激发出自己对生命安全教育工作以及教学课堂的热情。

5.5.3.2 完善体育教师知识技能体系

学校体育课和其他课程相比是有特殊性的。因此，体育教师和其他学科教师相比，不仅仅是需要完成基本的教学任务，另外还需要完成各类组织运动竞赛、训练等工作。体育教师的工作强度和工作范围都是非常大的。作为体育教师，其知识技能水平要求是非常高的。一般情况下，体育教师需要具有下述三大方面的能力：第一，公共基础知识。主要包括有马克思列宁主义哲学、毛泽东思想等；第二，教育学和教育心理学相关理论知识；第三，体育专业相关知识。第三部分的体育专业知识是最基本也是最重要的知识内容。作为体育教师，不单单需要掌握基本生理学知识，还需要全面地掌握体育教学、体育训练相关专业知识。另外，体育教师的文化知识水平和审美能力等也需要不断提升和培育。因为体育教师在教授的时候，不仅需要让学生们学会锻炼身体，还需要对学生们的心理、品德等进行全面的培养和教育。

5.5.3.3 培训体育教师

学校体育课程教学最重要的一个角色就是体育教师。体育教师需要设计并执行整个体育教学活动。特别是在体育教学课程里面融入生命安全教育相关内容，教师占据着非常重要的地位。体育教学课里面能够顺利地开展生命安全教育，实际教学效果怎么样，都和体育教师的专业水平有着密切的关系。作为体育教师，不单单需要具备丰富的体育专业知识与技能，同时还需要拥有扎实的生命安全理论知识基础，更重要的是，体育教师需要将二者有机地融合在一起。但是从另外一个方面来看，生命安全教育在国内正式实施的时间是非常短的，到目前为止，国内各级学校都还没有设定出专门的教学内容与教学评价制度。在这种情况下，体育教师就必须要不断丰富和拓展自己的知识库，教育相关部门则需要定期开展集中培训。另外，体育院校和各大院校体育专业的从业工作人员，在进行体育教学的时候，应当积极地进行生命安全教育内容的开发和设计。总而言之，体育教师与体育教育专业人士应该不断提高自己的生命安全教育水平，为之后的生命安全教育工作打下扎实的理论基础。

5.5.4 编写生命安全教育教材

在进行生命安全教育教材编写的过程当中，不应该采用统一教材，而是要结合不同学生的年龄特征、心理特征，来进行针对性的生命安全教育教材编写。只有这样，才可以确保生命安全教育教学目标的实现，才可以让生命安全教育逐步发展为中学体育教学体系中重要的构成部分。

5.5.5 全方位的体育教学评价机制

在对体育教学成绩进行评价的时候，应当采取多元化原则。要结合不同地区、不同学校的实际情况，设计出符合自己学校的评价形式和方式。最好是能够让所有的老师和学生都参与到教学评价活动当中来，同时，还需要保证评价方式是具有可行性与可操作性的，从而制定出全方位的体育教学评价机制。在设置体育教学评价内容的时候，需要确保有两方面的评价内容：一方面是理论知识，另一方面则是实践操作。理论知识评价内容主要包括生命安全理论知识、生活安全知识、心理素质等。实践操作评价内容则主要是指学生们的应急避险技能。

第6章 生命安全教育视域下江苏省青少年应急体育的构建与实施路径

6.1 生命安全教育视域下江苏省青少年应急避险能力的教学理念

第一，以自然发展规律为体育教学中应急避险能力教学的指导思想。在进行实际应急避险能力教学的过程当中，应当以体育课自身教育规律为标准，采取循序渐进的教学方式。比如，先教授理论知识，再进行实践操作演习，在从易到难、从简到繁的过程中，准确掌握动作。只有使用这样的教学方式，才可以帮助学生们不断提高应急避险技能水平。

第二，在体育教学课程当中开展应急避险能力教学，应当秉承学以致用的基本教学理念和原则。简而言之，就是要让学生们将相关的避险理论知识和基本技能、技巧应用到体育课堂的实践操作当中去。

第三，坚持以学生为主的教学理念。在应急避险能力教学过程当中，应当时刻注意培养学生们的自主学习能力以及主动探究能力。通过学生们的自主学习和实践，不断强化自我保护意识与自我防控意识。

第四，在进行应急避险能力教学的过程当中，应当采取更灵活多样的教学方式，比如可以采取情景模拟演习法。通过这种教学方式，能够让学生在参与游戏的过程中体会和掌握课堂上所学的理论知识与技能，同时增强了学生的体质，培养锻炼了学生们的意志品质，提升了人们在应对突发事件的时候自身的素质，最终起到化险为夷的作用。

应急体育课程实施和操作最重要的一个特征就是“做”。一方面，生命安全教育课程实施最核心的一个步骤环节就是将理论应用于实践操作。在这个过程当中，生命安全教育相关理论知识就会逐步内化成为所有学生的生命安全知识体系与结构，从而就可以积极地引领学生进行内在潜能拓展和开发。另一方面，应急体育课程的实施是体育老师和所有学生一起来完成和实现的，这是“做”的第一层含义，而应急体育课程主要的教学内容就是动作技能练习，这个行动过程就是“做”的第二层意思。

6.2 生命安全教育视域下江苏省青少年应急体育课程实施的价值取向探讨

探讨应急体育课程实施的本质，其一定要对体育课程实行过程中所具有的价值取向进行探索，由于不同价值取向的人在开展生命安全教育的时候所展现出来的方式以及认识都是具有差异性的，所以就决定着应急体育课程实施过程中的课程行为。体育课程实施的价值取向与应急体育课程的价值取向存在层次方面的不同，前者主要是对于方法层面上的操作，但是后者会关注价值追求以及目的性层面上的问题。

在20世纪70年代的时候，我国有部分学者开始关注和研究课程实施，在这里面最受人们重视的就是课程实施意义的研究。随着研究逐渐深化，此时研究的重点已经从之前的课程意义分析到后来的课程取向分析，这个研究方向的转变也表示我国的理论研究体系已经来到了一个崭新的领域。通过有关的分析和研究可以看出，在具体开展课程的时候，人们对于课程的理解以及态度在很大程度上受到了实施取向的价值观和认识观的影响，不仅如此，当课程在实行的时候出现了不同的现象，这也能够影响到课程开展的行为效果。这样的行为和理解以及态度就一同组成了课程开展的取向问题。针对这样的情况，著名的学者辛德尔等通过大量的研究和分析就将课程实施对应的取向总结为三个不同的层面，首先是“忠实取向”；其次是“相互适应取向”；再次是“创生取向”。

以上阐述的课程实施对应的三种取向能够将课程计划、课程因素以及课程实施三者间的联系进行阐述。假如需要在以上所阐述的三种取向内部选取一项最为合适的价值取向，抑或是在应急体育课程实施中寻找一种唯一有效的价值取向，这样的工作是很难达到的。主要的原因是以上所阐述的三种取向是站在不同层面上将课程实施本质罗列出来，其本身的适用之处以及特点都是存在差异性的，并且也具备了很强的局限性和不同的价值观念。通过对忠实取向进行了解可以看出，其主要就是忠实地按照新课程标准以及新课程方案来执行，需要有条理且有步骤地实行，这样能够在学校教学体系中将应急体育课程添加进来，并且可以强化应急体育课程被师生认可的程度；通过对相互适应取向进行充分的了解可以看出，其关注点是在基于双向为基础的互相调整以及影响上，并非单向接受以及传达上。这能够对在不同区域以及环境的状态下开展应急体育课程起到良好的作用，能否把课程的内容同详细的情况融合，对是否能够充分地发挥课程效果具有关键的作用。所谓的创生取向主要关注的就是课程情境的真实性，并且重视课程开展过程中老师以及学生的主体价值。可是需要关注的一点是，在应急体育课程体系开展的初步时期，此时的师生应该详细地了解应急体育课程的教材和模式以及内容。所以，即便创生取向能够代表以后课程的发展动向，可是站在当前的情况上来看也是不适合的。

6.3 生命安全教育视域下江苏省青少年应急避险能力教学的目标设定

应急避险能力教学主要目标包括：了解掌握各类突发事件；加强学生们的身体素质与心理素质；提升学生们的应急避险知识和技能水平；让学生们学会将课堂上的理论知识应用到实践操作当中等。此外，通过系统的应急避险能力教学学习之后，让学生在面对突发事件时，可以保持冷静的头脑，同时自身的身体素质也需要达标，这样才可以确保能够保护自身的情况下最大可能地帮助他人，而这一点也是实践和学习结合的最高目的，从而培养学生们的团结互助的集体主义精神和终身体育精神，使学生感受到体育运动带给他们的快乐和实用性，终身受益。

6.3.1 教学中加强应急避险理论学习

在开展体育教学的过程中，需要借助有效的方式将学生的安全意识提升。现在大多数的人都是在安逸的生存环境中长大的，因此其本身不会关注危机，这样的情况下使得自身的自救意识和应急避险意识不强，因此很多人在面对生活之中出现的人祸和天灾，比如说：火灾、水灾以及电击等情况，抑或是自然界存在的有毒动植物等，不同类型的危险因素都会使得学生的身体健康受到极大的影响。最近的这些年里，我国校园之中也出现了一些暴力事件，当面对伤害和暴力事件的时候，学生本身就是相对弱势群体，学生自身的防护意识以及自我保护能力并不强，由此导致一些不法分子会将自己犯案的对象放到学生这个群体上。基于这样的情况，在课堂之中添加突发事件理论知识学习，可以使学生对灾害出现的原因进行了解，并了解到当自然灾害到来的时候通常会出现什么样的征兆、当自然灾害来临的时候一般需要怎样逃生、具体逃生的方法和技巧是什么、需要注意的问题是什么等。

6.3.2 教学中加强应急急救知识学习

在开展体育教学的时候，需要将学生的应急动手操作能力提升，同时让学生了解平时经常看到的运动损伤该如何处理，应对突发事件的情况下需要采用哪些方案和措施。除了要将学生本身的操作能力提升，还需要将学生自身的心理应对能力提升。在体育课程之中添加个别应急救护案例，在具体案例的基础上完成有关的演练操作工作，从而完成实践以及理论知识的结合，这才是应急救护知识学习的最终目的。当开展教学的时候，要让学生进行充分的交流和沟通，并且将学生所学习到的一些操作能力和急救知识进行分享，这样能够使学生自主学习的热情充分地激发出来，最终将学生的学习积极性提升。另外，定期开展期末考试，并对学生的表现进行打分。

6.3.3 教学中加强应急心理训练

在体育教学的过程中，应将学生的心理素质提升。很多人平时不重视应急知识以及能力的积累，当问题来临的时候才追悔莫及。不过在这需要注意的一点是，当出现突发事件的情况下，并非所有学习过应急知识的人都能够妥善处理。现在有很多人，因为突发事件本身具有突发性，当面对问题的时候显得忙乱无措。在这里特别强调的一点是，当碰到突发性灾难的时候，最重要的并不是将自己所学的知识进行运用，而是应该让自己保持冷静的头脑进行思考，这样才可以让自己得到互救以及自救。假如在现场之中出现骚乱的情况，所有人都只顾自己逃命，这样下来一定会使得问题更加严重，并且还会导致压伤和踩踏等情况，其结果很难预测。

6.3.4 教学中加强应急避险技能的训练

教学过程能够提高学生的身体反应能力。通常所阐述到的身体反应，主要指的就是人体基于外界刺激，内部的中枢神经系统在本能的状态下所产生的应对刺激的行为。在对学生进行体育课教学的时候，除了一些必备的体育课程内容之外，还应该添加一定的应急避险基本技能练习。这项工作是非常重要的。任何活动的前提都是基于身体素质，当身体素质处于良好状态下，就会使得人体脑部的反应速度加快。站在体育课的层面上来讲，其主要的目的是帮助学生锻炼良好的身体，从而帮助学生能够达到身心全面发展的目的。当危险到来的时候，学生能够以最快的速度冲出危险地带。通过对应急避险技能进行了解可以看出，其涵盖的学习内容有很多，因此作为老师而言，应该在不同的课堂上选取其中具体的一两项内容完成相关的练习工作，这样能够使学生的身体素质得到全面且健康的成长。通常所提到的身体素质具体涵盖了耐力、速度以及灵敏度等。此时，学生的身体素质得到了有效的增强，并且学生的协调性、灵敏度以及中枢神经得到了增强，自身的应急反应以及避险能力增强。

6.3.5 体育教师应该进行系统的培训

作为学校来讲，需要每隔一段时间将体育老师组织起来开展相应的应急课程学习，提升老师的应变能力，同时提升应急避险本身的整体素质能力。体育教师应该尽自己最大的努力做好有关的体育教研活动，并且做好相关的教学反思和教学实践工作以及相互交流的工作，将教学方案进行改进和优化，这样能够改善之前传统的教学模式。为了改变这样的教学模式，我们需要将实际的生活同体育教学进行融合，借助情景模拟的方式来对实际生活中出现的情况完成模拟，这样的方式能够将学生对学习的兴趣和热情调动起来，同时将学生的应变能力增强，最终让学生在参与的过程中得到想要的经验。

6.4 体育课融入应急避险教学内容和教学计划

将应急避险能力的知识技能和学校体育课程教育进行有机的融合是一项非常先进的教学方式。以前文所阐述的应急避险教学理念、教学目标为标准，设计出对应的教学计划以及方案。比如对普遍出现的突发事件防范以及预防理论知识、应急避险需要具备的基础素质的综合练习；从情景模拟演练等多个层面来开展教学练习。本书的研究对象是南京理工大学体育专业的部分学生，将选择的学生分为两个不同的班级，一组是对照班，一组是实验班。针对对照班的学生是采取的常规体育教学大纲进行，两个学时总计达到的时间为90分钟，一周所上课程的频率为一次，在一个学期中所需要花费的时间是14—16节，总计包含了32个学时。对于实验班学生来讲，是在常规体育教学大纲的基础上增加了应急避险知识技能教学。所有的课程都是借助其中的半个小时，或者是将具体的课时集中起来完成演习以及技能学习的任务，这样能够使学生在进行体育专项训练的同时，将应急避险能力教学活动全方位地展示出来。通过对实验班的学生进行了解，其开展应急避险知识技能相关的教学一般涵盖的内容如下（见表6-1、6-2）所展示。

表6-1　应急避险教学内容分类表

	分类	教学内容
应急避险教育内容	理论教学	突发事件理论知识、心肺复苏、运动损伤急救方法
	基本技能教学	站立、奔跑、定向越野跑、跳跃、攀爬、滚翻
	模拟情景教学	夺门逃命、极速键盘、简易橄榄球

表6-2　实验组应急避险体育教学计划方案

课次	教学内容	重点、难点
1	理论：①学习日常应急避险常识　②自然灾害避险知识（App课件）学习演练火灾的逃生技巧　③学习演练地震时的逃生技巧　④身体素质：行进间小步跑、高抬腿、后蹬跑各5趟、20分钟长跑	逃生技巧
2	理论：①学习应急急救知识与急救处理（App课件）②学习心肺复苏的急救方法　③学习运动损伤常见的急救包扎方法：出血和止血急救包扎法　④身体素质：连续俯卧撑、单脚依次完成跳绳1分钟时间、伸拉练习	急救处理
3	①进一步学习心肺复苏急救方法　②进一步学习运动损伤常见急救方法：出血和止血急救包扎法　③考试：以上2种任选一项　④身体素质：推小车2人一组、20分钟长跑、伸拉练习	急救包扎处理
4	①学习躲闪技术技巧：拳击项目中，进攻和防守练习 ②身体素质：引体向上练习、50m迎面接力赛跑、伸拉练习	躲闪技巧
5	①进一步学习技术技巧 ②身体素质：垫上前后滚翻练习、12分钟跑、伸拉练习	滚翻要领
6	①学习防止身后被抱的脱身技巧练习 ②考试身体素质：肋木举腿、20m折返跑、伸拉练习	脱身技巧
7	①进一步学习防止身后被抱的脱身技巧练习 ②身体素质：跨越障碍跑、12分钟跑、伸拉练习	障碍跑
8	①考试：躲闪技巧与防止身后被抱的脱身技巧（技评考试） ②身体素质：垫上前后滚翻练习、1分钟跳绳练习、伸拉练习	技评考试

（续表）

课次	教学内容	重点、难点
9	①身体素质：引体向上练习、单足跳、12分钟长跑、伸拉练习	上肢力量
10	①身体素质：仰卧起坐练习、推小车练习、12分钟跑、伸拉练习	腹肌力量
11	①身体素质：校内或校外定向越野跑 ②理论考试	综合能力
12	②身体素质：两头起、腹肌、背肌练习、后蹬跑、12分钟跑、伸拉练习	理论考试
13	①身体素质测试：坐位体前屈、女生800m和男生1000m	素质测试
14	①身体素质考试：女生仰卧起坐和男生引体向上、立定跳远、50m	素质测试
15	①专项考试	专项考试
16	①补考	—

6.5 体育课融入应急避险技能与急救方法

6.5.1 突发事件的预防防范以及理论知识的学习

学校现阶段，因国内各级学校绝大部分学生对于各类突发事件都没有足够的认识和了解，而且很多学生都不具备自救、逃生、他救等相关知识。在遭遇一些危机突发事件的时候，有一些学生由于心理胆怯，害怕会使用不科学、不合理的逃生方式，因此，不仅无法顺利逃生，还加大了突发事件伤亡的概率，甚至会造成二次伤害。在学校体育课程里面融入应急避险理论知识和避险技能教学是一项非常重要和有意义的事情。首先，需要对所有学生进行突发事件理论知识教学。如自然灾害中，要让所有学生都了解和掌握不同突发事件的引发因素，还需要正确掌握各类自然灾害发生的征兆以及突发事件当中逃生的技能手段和注意事项。另外，还需要向学生们展示一些常见的运动伤害、突发事件应急和救护措施，包括止血包扎、心肺复苏等。这些理论知识相对而言是比较枯燥无味的，因此可以采取更加灵活多样的教学方式，比如主题班会、小组间展示、组织知识竞赛、观看相关的教学视频等，通过不同形式的教学就可以最大限度地激发出学生们的学习兴趣。此外，还可以采取故事会的形式，鼓励学生们互相之间积极地进行交流和沟通，这样就可以全面地提升学生们的自我保护意识与自我防范意识。要让所有学生们都正确地意识到在体育课堂上教授应急避险知识的重要性与必要性。同时在进行应急避险教育的过程当中，应当遵循基本的应急避险准则与原则。只有严格地遵守相关原则,才可以最大限度地降低突发事件所带来的负面影响，才能够不断提升学生们的自我保护能力与他救能力。应急避险的主要原则包括：以人为本、以生命为本的基本原则；安全第一的基本原则；共同协作的基本原则；重视锻炼、预防为主的基本原则等。

应急体育课程的实行办法，一般是借助安全实践技能以及理论知识的教学活动来完成的。一般来讲，针对应急体育课程的有关教学方式，并不是在课堂教学以后才出现的。某些同生命安全相关的技能方法和知识，在近代教育课程推出以前就已经有了一定的教学方法的使用。比如说在武术传承的过程里面就包含了来自民间的秘传方法；在杂技之中也涵盖了相关的体操动作；在涉水打鱼的有关说法中，也包含了游泳自救方面的方法。可是，在当时比较传统的年代之中人们还没有想到合理的词语来将这些动作进行归纳以及总结。当前，应急体育课程作为一个教学理论的研究对象受到了相关教育界的关注，截止到现在已经变成了一项日益发展的应用课程。通过对应急体育的有关课程内容进行了解可以看出，其涵盖了心理训练和安全教育以及行为规范等多种类型的知识，这对应急体育的课程实施提出了新的要求。现代应急体育课程的实施方法，不仅需要将学生的技能和安全知识提升，最大限度地帮助学生创建其自身特有的自信，从而形成安全的行为规范，除此之外还需要将学生的生命保护能力提升，现在的社会中伴随技术以及电脑的发展和进步，此时的案例教学同之前相比有了较大的提升。

6.5.2 应急能力融入体育课程实施的具体措施

人在遇到自然和人为灾害时能尽快脱离危险区域，离不开必需的身体应急能力。这种应急能力大致包括快速奔跑能力、跳跃能力、投掷能力、悬垂与支撑能力、攀登与爬越能力、负重与搬运能力和涉水能力等。体育课的教学往往与身体的基础素质有着密切关联，不管是哪个阶段的学生，都必须非常重视自身身体素质的提高，因为进行任何活动的基础都是身体素质。学校体育课程的主要教学目标就是不断提高学生们的身体素质，让学生们的生理健康与心理健康同步发展。而在学校体育课程里面融入应急避险基本技能是有着非常重大的现实意义的。本书主要学习以下几种必要应急避险能力的基本技能。

6.5.2.1 应急避险能力的基本技能——站立

我国有句古话是这样阐述的：“站有站相，坐有坐相”，不管是坐立还是站立，人的身体姿势能够将自身的众多信息呈现出来。在正常站立的基础上再维持昂首挺立的状态，就会让他人感到威武健壮，不易侵犯。不管你真实的身高如何，只需要保持昂首挺立的姿态。这种姿势可以使大脑的氧气容量增加30%，可以让人的警觉性得到显著的提高，对外界的敏感程度也会明显增加。这样一来就能够让外界侵犯者有所忌讳。如果在站立的时候，含胸驼背，鼠头鼠脑，就会让行凶者更易产生犯罪的冲动。如果你总是保持昂首挺立的状态，看上去就不是一个“软柿子”，就不是好欺负的，那么那些逞凶之人自然而然也会有所忌惮。

6.5.2.2 应急避险能力的基本技能——行步

你是否清楚世界卫生组织总结出的“世界上最好的运动”？全球范围内公认的最为健康的运动就是走路！

参照有关数据统计可以看出，在北美洲每天参加运动的人员数量总计达到了8000万人！从美国市民体育协会的有关数据来看，徒步俱乐部达到了350个，其中瑞士具有的徒步俱乐部数量是120个。在英国的法律中也有详细规定，每个人都具备徒步行走的权利，并且英国提倡将专用路线预留出来用到平时的徒步运动上。

1. 快步行走

适合的人群：任何人群。

动作要领：运动时间不足的人，可以在上下班时或者是购物的时候走路，有的时候也能够在工作间歇时走路健身。通常走路的时间应该控制在每次半个小时到一个小时，假如时间紧张的情况下，每次步行10分钟也是可以的，每天锻炼的时间加起来要大于半个小时。日本及美国等国都提倡，为了能够确保人体机能处于健康状态，因此通常建议每天步行一万步；从我国卫健委的有关标准和要求中可以看出，如果要想身体健康，那么需要每天步行达到六千步！

运动功效：有效地达到降压和减肥的功效，并且对身体的机能进行调节。

2. 大步摆臂走

适合的人群：任何人群。

动作要领：当人们开始走路时，需要最大可能地将双臂进行前后摇摆，此时前手摆臂的长度要比头顶高，而后手摆臂也需要尽可能伸直。行走状态下，需要最大可能地迈开步伐。人们行走的速度在很大程度上是同人的体质有着紧密联系的，走路最好的状态就是达到气微喘，并且心跳频率处于100次上下。

运动功效：将人们的心脏活力提升，同时降低体重、减少脂肪。

3. 上下拍手走

适合人群：中老年人或是腰背有伤的人群。

动作要领：走路的过程中双手需要先在自身的头顶上面进行拍掌，随后把手放于背后的位置在屁股后方进行拍打，以上所阐述的动作进行交替。通常都是走两步拍一次掌，以此节奏来进行。走路的时候需要最大可能将自己的步伐迈大。

运动效果：达到化瘀以及活血的作用，将自身的呼吸通畅度提升。

4. 原地踏步走

适合人群：伤病恢复的人群以及老年锻炼者。

动作要领：不管是在室外还是在室内的任何地方，都可以进行原地抬腿踏步走。如果条件允许的情况下可以将大腿抬升的幅度提升，自身的两臂需要注意摆臂。

伤病初愈者或者是老年群体在进行该运动的时候需要了解，在做运动的时候自身的后背要同墙靠近，这样可以避免在抬腿运动的时候由于身体幅度太大而摔倒。膝关节不好的人群可以将走路的频率调低一点，并且也不需要将腿提升幅度太大。

运动功效：增强自身的血液循环，提升体力。

5. 野外杖行走

适合人群：任何人群。

动作要领：该运动比较普及的区域是欧洲，其另外的名称是越野走。人们行走的时候需要借助两支手杖，这样能够使得人们处于行走状态时，四肢也会一同进行运动。相较于散步而言，野外走具有更强的健身作用。

运动功效：能够保护膝关节，除此之外还能够将自身的心脏功能提升，将健身效率提升。因为上肢是参与到这个活动之中的，这个时候人体的心率通常会比普通行走过程提升5—17次/分，可是人们却不会感到疲惫。其借助手杖来将自身的肩部和上肢得到锻炼，能够使得人体多余的热量得到有效消耗，这样也可以达到很好的减肥作用，特别是提升减脂的效果。

6. 爬楼梯

适合人群：下肢不存在损伤的人群。

动作要领：伴随人们生活质量的提升和经济的发展，出现了一种非常新奇的健身方式，那就是爬楼梯。在爬楼梯的过程中人体的上身需要维持挺拔的状态，并且要将自身的注意力放到脚上和腿上，此时不能够将身体或者中心倾斜。在爬楼梯的时候需要将自己的速度保持在慢速。最佳的爬楼频率为一个台阶花费一秒钟，并且要尽量匀速，这样就不会使得自身感到吃力和紧张。

运动功效：可以将人体内部存在的脂肪进行消耗，同时将自身的心肺功能提升，并且将腿部力量增强，最终达到预防骨质疏松的效果。

7. 倒步行走

适合的人群：做任何动作都没有障碍的人群。

动作要领：大腿在小腿的带动下，逐步往后退；脖颈以及腰背不需要刻意保持挺直。倒走时需要保持全神贯注，眼睛需要关注左右的动向，同时要充分了解身后的地形以及路程情况。这类型的运动最适合的人群就是不能进行剧烈运动的人。

运动功效：改善自身的腰背肌肉情况，改善腰背痛的情况；提升平衡能力，也能够帮助人们将自身的腿部肌肉增强，最终达到减脂和消耗能量的作用。

8. 水中行走

适合的人群：任何人群；特别是年老体弱或具有关节疾病的人群。

动作要领：在水中行走所适用的范围非常广。不管是老年人还是年轻人都是能够尝试的。在进行水中行走的时候所使用的走姿是多元化的，能够正步走也能够侧步走，能够大步走也能够碎步走，等等。当进行水中行走的时候，需要注意的一点是两臂不仅能够摆动，同时还能够进行划水等动作，借助这样的方式将身体的某些肌肉群得到有效的锻炼。

运动功效：使膝关节得到保护，同时将自身的心脏功能提升，最终使健身效率达到最大化。

6.5.2.3 应急避险的基本技能——奔跑

1. 短距离快速奔跑

人类所拥有的最基本的功能之一就是快速移动，即我们所讨论的速度极限、短距离奔跑。正是因为人类拥有这项技能，才让人们在遇到各种危险情况的时候都可以顺利逃脱。当前人类记载的全球短跑最快的人是博尔特，该选手来自牙买加，2009年的时候他在男子100米比赛中创造了9.58

秒的记录。人类奔跑主要是用来脱险或者是快速移动。就像阿甘那样，永远都没有停止奔跑，所以他在面对一次又一次困难的时候，都可以摆脱危机。由此，阿甘也得出了这样的领悟，奔跑可以摆脱危机，而且是最有效地摆脱危机的方式。处于安全环境下的奔跑，可以认为是人们锻炼身体的一种手段方式。而在遇到危险或逃避危险或追击目标的情况下，则不再只是简单地奔跑，需要增加更多复杂多样的动作，包括跳跃、负重、躲避等等。

（1）发展快速奔跑能力的方法。

①利用天然道路和场地进行练习。可利用自然斜坡、高低起伏的小路、人行通道、开阔广场、沙地、海滩、山路等场地进行各种速度和形式的奔跑练习。②提高快速奔跑能力的辅助性练习。多级跨步跳、蛙跳、立卧撑、跳绳、手扶肋木摆腿、高抬腿跑、原地摆臂、原地摆臂过渡到疾跑、单足跳等都可以作为辅助性练习。

（2）体育课堂练习内容。

1）首先是迎面接力。将人数相当的两组人员组织起来，其中的间距在合适的范围（一般介于30—50米），这样的练习方式主要是为了将反应能力以及奔跑能力提升。

注意问题：两组人员的能力应该大致相同，这样可以将比赛的趣味性和竞争性提升。

2）蛇形跑。主要是围绕障碍物完成循环跑：创建人数相当的队伍，在相应的距离中设置不同的障碍物。该项运动的主要目的就是将学生通过障碍的能力以及反应能力提升。

注意问题：基于课堂具体情况，将练习强度进行适当的调整，比如将障碍物的数量增加或减少，同时设定不同级别的难度等。

3）“8”字跑。将班级划分成两个不同的组，在跑步的过程中完成“8”字图案，该比赛以计时比赛为主。进行该练习的主要目的就是将学生的协调能力以及团队意识提升。

4）追逐游戏。该游戏中涉及的口令是“长江、黄河”，此时将全班人员分成不同的队，两队相背而站，间隔的距离是一步，将甲组称作“长江”，将乙组称作“黄河”；当听到的口令是“长江”的时候，甲组的人员开始逃跑，而乙组的人员转身开始追赶，如果在三步的范围内追赶上甲方同学并且将其拍到，那么就表示乙方获胜。如果没有追赶到，那么甲方获胜，使用三局两胜制。该项练习主要训练的是学生的行动能力以及反应速度。

注意问题：明确规则，避免两人相撞情况的出现。

5）夺门逃生。将全班人员具体划分成两组，当听到指令的时候以最快的动作冲出门去。基于练习情况将动作的难度和要求进行调整。

2. 长距离极限奔跑

（1）发展长距离奔跑的能力。

该项能力在本质上属于人们进行自我保护的关键能力。长跑和短跑相比，前者对人的身体机能要求更高。长跑在改善人体呼吸系统、心血管系统等方面的效果要更加显著。长跑还能够显著地提高心肌代谢速度，可以让心肌纤维变得更粗，心肌收缩能力变得更加强大，最终改善人类的心脏功能。此外，长跑锻炼对于人的心理素质也有着非常重大的影响。人们通过长跑练习，可以磨炼自己的意志。如果学生们能够拥有强大的长跑能力，那么在遇到各类突发事件的时候，就可以快速逃生。所以加强学生身体素质，可教会学生预防危险和躲避危险的技能。跑步结束后，进入慢跑或慢走状态，逐步使身体各个部位都慢慢地放松下来，再做一些力所能及的腰、腹、腿、臂的整理活动或者拉伸运动。

（2）体育课堂练习内容。

1）规定距离跑步，并记录时间。在所有的训练之中这是最为基础的一种训练方式，例如1000米或者是3000米。将每次跑步的时间详细地记录下来，希望能够将自己的成绩稳步提升。

2）规定时间，测量距离。在确定的时间范围内来测量距离会使自身的紧迫感提升，借助这样的方式可以将自身的成绩提升。

3）变速跑。该方式能够将长跑能力提升，并且确保身体能够同各种节奏相适应，假如在跑道上能够完成直道快跑，处于弯道上时就可以进行慢跑，由此使得身体适应能力得到最大限度的提升。

（3）跑步练习的注意事项。

1）根据自身运动能力和疲劳程度及时调整运动量，合理安排练习次数和间歇时间。每次训练课结束时都要做整理活动，以使练习者身心逐渐恢复到课前的相对安静状态，一般采用慢跑或轻松的徒手操等形式；剧烈跳跃运动后的放松练习，可做两臂和两腿的抖动以放松臂部和腿部肌肉。

2）按摩也可消除肌肉负荷后的紧张，采用手捏、振动、水压和气压按摩等。按摩的部位是训练中负荷较大的肌肉群。

（4）组织比赛。

除了课堂长跑练习以外，南京理工大学学生在2013年11月2日成立“爱跑”俱乐部。该校贯彻教育部、国家体育总局、共青团中央开展全国亿万学生阳光体育冬季长跑活动的号召，正式开展以“励志从长跑开始”为主题的第七届阳光体育冬季长跑活动。认真贯彻国务院办公厅《关于进一步加强学校体育工作的若干意见》文件精神，恢复男子5000米和女子3000米，要求大学生每天跑步2000米。充分利用体育课和课余时间，多跑多练，口号是“跑到阳光下，跑进操场里，跑向大自然，跑出我校学子的青春风采！”

2014年7月19日，在青奥会来临之际，南京首届Color Run彩色跑在南京绿博园进行，本次活动全程5千米，取得了极大的社会关注度，吸引了2000多市民踊跃报名。南京理工大学“爱跑”俱乐部的6名同学参与了此次活动，在绿博园疯狂了一把，五彩的颜色完美诠释了“给你点color看看”的活动口号。比赛共分为五个彩色站，参加者身着白色T恤，依次为起点、红、黄、蓝、紫、绿、终点，不仅参与者之间相互涂抹彩色玉米粉，每个彩色站的工作人员也会向参与者撒播彩粉，所有工作人员、参与者都会被从头到脚洒满彩色粉末。比赛不计时不限规则，可以跑可以走，甚至可以翻跟头。

近年来，长跑运动在国内越来越流行，而彩色跑更是成为一项全民参与的大众体育活动，与传统跑步竞速比起来对大众更具吸引力。如何提高体育的趣味性，调动大学生的参与热情，不妨从彩色跑中借鉴一些经验，把健康生活理念传递开来，共同分享青奥会的青春与活力。

2016年4月24日上午，“爱跑”俱乐部组成了28人的队伍参与了“青春在途”高校团体半程马拉松赛，这些学生都是来自各学院各年级的跑步爱好者，自1月份报名参赛以来，队员们都认真自觉地进行体能训练。俱乐部负责人制定了合理的训练计划，带领队员们依照计划循序渐进地提高，并在赛前一周组织了一次完整的21千米考核，对比赛过程中可能出现的问题进行了细致的讲解，每次训练，队员们都投以饱满的热情，不怕苦，不怕累，努力坚持，保质保量地完成了全部训练，为成功完赛奠定了基础。

3. 野外定向越野跑

定向越野运动起源于北欧19世纪末，当时在瑞典和挪威很盛行，距今已有百年历史。

1897年10月31日，第一次世界定向赛事在挪威军营里举行，挪威人绘制了第一张专业定向地图。2001年，世界体育运动大会将定向运动列为正式比赛项目。1983年，这个项目来到了我国，截至现在我国的最高水平即是高校定向越野竞技水平。该水平依旧同国外有较大的差距。

所谓的定向运动，其另外的名称就是定向越野跑。定向运动本身具有较高的智慧性以及安全性，能够将体力以及智力完美地结合在一起。借助该运动不但可以将自身的体魄增强，同时还可以将人们独立思考的能力提升，当人们遇到问题的时候能够第一时间想出合理的应对策略，并且做出果断的决定。

南京理工大学在开展“体育课走向大自然走到阳光下”系列活动中，定向越野课在紫金山野外进行实践活动。2010年12月5日早晨8点，约300名选修定向越野的同学已经来到南京理工大学七号门集合，同学们放弃了睡懒觉的机会，准时来到了集合地点，听带队老师讲完注意事项，就整队徒步向紫金山中山陵风景区“进军”。经过一小时的“长途跋涉”来到了中山纪念堂景区。按照定向越野的比赛模式，同学们领指卡、用指北针标定地图，等老师口令下达，他们一下就冲了出去，经过近2千米的野外奔跑，胜利归来。这次紫金山定向越野课增进了同学之间的友情，培养了学生团结协作的精神，让广大学生走向大自然、走到阳光下，对磨炼青少年学生的意志品质，培养良好的锻炼习惯，营造浓郁的阳光体育活动氛围，提高学生体质特别是耐力素质水平起到了积极的作用。

定向越野跑是一种长距离的间隙式赛跑，要求尽可能地减少人体能量的消耗，又要根据比赛的情况具有加速度的能力。姿势主要采用身体微向前倾或正直的姿势；呼吸最好用鼻子与半张开的嘴共同呼吸；根据选择的路线状况、比赛的阶段和自身体能状况，确定体能的分配；速度一般来讲不宜过快。

在定向越野的过程中具有特殊意义的物品就是越野图。人们为了能够正确地运用越野图，就需要对越野图有一个正确的认识，所以，在学习定向越野技能的时候，所选取的场地一定要合适，以便将越野图和指南针的作用充分地发挥出来。下面所阐述的所有内容中，某些是需要长期反复训练的，也是最为基础的能力，某些则是需要基于自身具体情况来完成的。通过对定向运动进行了解，可以看出该运动是非常具有智慧性的项目，并且也是体力与智力并重的项目，可以提高学生自身的逻辑能力以及分析解决问题的能力，带动学生更好地发展。同时该项目也属于家庭体育项目，当周末来临之后，一家人能够同大自然亲近，并且将自己的身体放松，这样也能够使家人的关系更加融洽。

6.5.2.4 应急避险的基本能力——跳跃

2010年，上海余姚路出现了一起高层住宅脚手架失火的危机事故。此事故最终造成了58人死亡，70余人受伤的严重后果。在该事故发生的时候，距事故大楼两米远的地方就有脚手架，事故当中有人就从窗户跳到脚手架，最终成功逃离。可是还有更多的人没有利用跳跃逃脱火海。通过这件事情我们就可以知道，跳跃是一项非常重要的也是非常基础的应急避险能力。在学校体育教学课程当中，摸高、蛙跳和立定跳远以及篮球、排球运动都有起跳的动作练习，让学生们的腿部力量、爆发力量、跳跃技能都得到有效的提升。

1. 发展跳跃能力的方法

（1）利用地形、地物发展跳跃能力。可利用垂直或水平障碍物，沙滩、草地和运动场，进行各种跳跃练习。

（2）借助外力发展跳跃能力。可借助顺风、逆风、上（下）坡、弹簧板或助跳板、橡胶带等外力做各种跳跃练习。

（3）利用重物发展跳跃能力。可穿沙背心、提杠铃和石锁，利用各种体育器材和场地发展跳跃能力。

2. 体育课堂练习内容

（1）跳起摸高。该练习能够将人们的垂直跳跃能力提升，同时将膝关节和下肢的力量提升。

注意问题：将准备活动做充分，确保循序渐进。

（2）球类运动。在平时体育课程中可以适量安排一场篮球比赛，当学生进行抢篮板以及抢断等动作时，其能够练习专业的动作，这样可以使得学生的弹跳能力得到有效的提升。开展球类活动主要是为了培养学生的弹跳能力，提升学生的灵活性。

注意问题：需要学生将活动前的保护工作落实到位，这样可以有效减少运动损伤的发生。

（3）单足跳。这项运动的目的就是将踝关节和膝关节的力量提升。

注意问题：需要确保一定的运动量，也需要做好相关的保护工作。

（4）蛙跳。主要锻炼的是腰腹力量和下肢力量。

（5）障碍跳。这项练习的主要作用是将难度提升，从而充分锻炼下肢力量。

注意问题：当进行活动的时候起跳需要非常充分，并且要快速衔接。

6.5.2.5 应急避险的基本能力——攀爬

爬行是人类最基本的能力之一。我们人类都是要先会爬，才会走。攀爬也是一项非常重要的应急避险能力。不过，攀爬对于人类上肢力量的要求是比较高的，同时还需要身体其他部位都能够协调配合。只有这样才可以进行攀爬运动。

20世纪50年代攀岩运动起源于苏联，起初只是作为一项军事训练项目。到了60年代，天然岩壁上的比攀登速度的竞技攀登运动在苏联兴起，1974年被正式列为国际竞技体育运动项目。同年开始举行国际攀岩锦标赛，以后每两年举办一次。1991年1月，“亚洲攀岩比赛委员会”成立，同年12月在香港举行竞技攀岩锦标赛，以后每年举办一次。

攀岩运动是一项集健身、娱乐和竞技于一体的勇敢者的运动，它不仅要求运动员具有良好的身体素质，而且还要具备勇敢、顽强和坚韧不拔的精神，敢于在各种不同高度、角度的岩壁上轻松、准确地完成各种腾挪、转身、跳跃、引体等惊险动作。由于它给人们以“优雅”、刺激的享受，故受到了人们的喜爱，并被冠以“岩壁上的芭蕾”的称号。

长期以来，站在攀岩者的角度上来讲，他们一般都会完成的动作就是引体向上。可是当路线的难度提升以后，攀岩者需要练习其他的特殊力量，只单纯进行引体向上的练习是不完整的。

引体向上是人们普遍采用的颇有效果的一种训练方法。背阔肌是健美爱好者重点训练的部位之一。它的发达程度与健美爱好者的体态关系甚大。换句话说，背阔肌发达时，整个背部看上去才呈现出“V”字形。背阔肌及斜方肌、大圆肌、小圆肌、菱形肌、冈下肌等背部肌群的训练方法很多。

举个简单的例子，我们一般都会听到某个人的引体向上比较厉害，可是却不能够经常性地完成5.10s或者是5.11s的路线。或许是由于个人的技巧有待提升，也有可能是本身的Lock-off（单臂抓住支点锁住）力量不足或者是动态爆发力不够。所以，假如你能够非常轻松地完成引体向上的个数在15个以上，那么当你继续做引体向上的时候对自身的帮助是非常有限的，为了将自身的力量更上一层楼，需要针对自身特定肌力完成相关的动作。

如我们开始进行训练之前，其中有一个步骤就是要详细地了解自己身体的情况，并且清楚自身需要什么方面的力量训练。虽然爆发力在很大程度上同Lock-off力量有一定的关联性，可是众多的人都是因为自身技术不佳，或者是由于自身的Grip（抓握）力量不足而导致坠落。如果平时在训练的过程中将这方面的力量提升，那么最终达到的效果会好很多。

比如说上文所提及的，初学者在训练引体向上之后能达到的效果是很好的，可是当人们的训练程度达到一定水平的时候，此时引体向上所能够达到的效果就是非常有限的。假如你做引体向上的次数没有办法到达15个，那么你应该在接下来的时间中以每周三次的频率进行训练。在这里也可以为你提供一些数据来促使你达成目标。理论上来讲，假如你能够坚持下来，绝大多数的新手都能够在训练一年之后，做引体向上的数量达到15个。

假如本身不能够一口气做5个引体向上，那么接下来有两种改善的方法。第一种方法是，首先将椅子放置到自身的施力点下方，紧接着自己在椅子上站立并且在施力点的位置上做Lock-off姿势。随后椅子撤离，自己在施力点的位置上保持5秒钟，随后再花费5秒的时间慢慢落下。接着再重新回到椅子的位置上再次开始以上阐述的动作。当做完5个以后就可以休息5分钟。另外一种办法就是找人帮忙在旁边撑住你的体重，从而让你能够做10个左右的引体向上。一次练习的频率为三个循环，按照这样的方法你会非常惊讶自己的进步速度。

引体向上的动作要求如下：双手宽握单杠，两臂伸直，身体悬垂，腰背部以下放松，两小腿伸直或交叉。然后在吸气同时，用背阔肌的收缩力屈臂引体向上，至下颚（下巴颏儿）超过横杠或颈后贴近横杠止。稍停后，边吸气边用背阔肌的力量控制慢慢下降，直到复原。下颚超过横杠，这个动作叫“胸前引体向上”。颈后贴近横杠，也称“颈后引体向上”。还有一种引体向上，是将特制的横梁挂在横杠上，双手握住架下的横梁，做引体向上。这个动作叫“平行握引体向上”。一般来说，如果一次引体向上超过15个，可尝试着用皮带或绳束系上重物或杠铃片来练。有人喜欢把重物挂在腰上，也有人习惯系在脚踝处。不过有两点需要注意，一是重量要合适；二是注意安全。所有的锻炼都不是速成的。如果今天的力量只足够你做三个，那么想在六天内增加到十个不太容易。但是坚持练下去，这个目标对正常的男生来说并不是多难的事。

1. 发展攀登和爬越能力的方法

一般攀爬练习：可组织学生攀爬肋木、平梯、竖梯等，还可以进行翻越或进行单、双臂引体向上等发展上臂力量的练习。另外，还可以练习攀登爬越板墙（板墙是军事障碍的一种，类似一般矮墙）。其攀登方法可以分为助跑、攀登、跳跃、落地四部分。

练习1：以一线爬行为主。在一条直线上保持手脚并用的姿势爬行相应的距离。主要的目的就是将脚部和手部的协调性和灵活性提升。

练习2：以束缚爬行为主。将双脚束缚，只可以借助手臂的力量进行爬行。这样可以将比赛的趣味性提升，同时使训练的内容尽可能丰富。主要目的就是将上肢力量提升。

练习3：以海豚爬为主。将双手束缚，两手在背后，尽可能借助脚蹬的力量爬行。这样做的目的就是使下肢力量得到训练。

练习4：推小车。练习者双手撑地，两脚被另一人托起，练习者向前爬行，目的就是将手臂力量提升，同时将练习的趣味性提升。

练习5：单杠连续引体向上。双手正握单杠，手臂屈臂拉至下颚，伸直放下，如此为一个动作。这样可以锻炼手臂力量。

练习6：爬树或爬杆练习，可以锻炼全身力量，增强身体协调性。

2. 攀爬练习的注意事项

（1）参加者身体素质和健康状况一定要能适应此运动的要求，不能盲目参与。

（2）开展此项活动时，一定要有组织，始终要把安全放在第一位。

（3）参加此项活动除了要求有较好的身体素质外，还要有良好的思想素质、心理素质和环境保护意识。

（4）活动前检查设施的安全。

（5）活动者着装轻便并符合安全要求。

（6）在活动中，尽量做到互助、互保、互救。

（7）进行攀爬活动的时间最好选在夏、秋季节。

（8）在户外活动时，应带防治外伤的简单药品。

6.5.2.6 应急避险的基本能力——翻滚

翻滚不是一项非常常见的运动动作。不过，翻滚可以作为一项自我保护技能，在人摔倒或者在外力冲击下突然跌倒时做出滚翻动作，能够对自己的头部、面部等部位进行有效的保护。比如，在足球比赛中，运动员就经常会使用翻滚这种动作，这样可以很好地保护自己。另外，在我国传统武术当中就有一个叫做“抢背”的动作。这个动作主要也是为了进行自我保护。

练习 1：持续地翻滚。其类似于投掷垒球，顺势低头团身。

注意问题：一定要关注动作顺序，头、背、腰、臀依次站起，重视低头团身。

练习 2：向后倒地翻滚。该动作的要领是屈膝且低头弯腰，完成团身向后翻滚。

注意问题：手臂必须内旋屈肘。

6.5.2.7 应急避险基本能力——悬垂与支撑

在体操动作中最为基础的动作就是悬垂。主要指的就是人体肩轴相较于器械轴来讲比较低，保持这种状况下的静止动作就是悬垂。只用手悬垂于器械的，称“单纯悬垂”，如单杠上的悬垂。手和身体的一部分同时悬垂于器械或接触地面的，称“混合悬垂”，如单挂膝悬垂。这是器械体操练习的基本动作之一。

1. 发展悬垂和支撑能力的方法

（1）徒手练习方法：如各式俯卧撑练习和其他支撑练习。

（2）运用器械的练习方法：如单杠上悬垂练习、单杠单立臂上、单杠双立臂上、单杠直臂悬垂收腹举腿、双杠臂屈伸等练习。

（3）专门器械的练习方法：如肋木上悬垂、肋木上悬垂举腿、靠肋木手倒立、悬垂荡绳、俯卧撑、仰卧撑、侧卧撑等练习。

2. 悬垂与支撑练习的注意事项

（1）要有自信，勇敢面对挑战。

（2）科学锻炼、循序渐进。

（3）严格要求，保证质量。

（4）练习前仔细检查，注意安全。

6.5.2.8 应急避险的基本能力——负重与搬运能力

事实上，负重力量与搬运能力与我们的肌肉力量有着密切关系，人们平时的生活能力都是依赖肌肉所获得的，其对人体的健康来讲是非常重要的。通过相关研究可以看出，当人体肌肉能力不强的状况下，死亡风险也是会提升的。

1. 负重和搬运的方法

（1）单人负重和搬运：可进行背人跑、背人接力、“骑马打仗”游戏、“推车”游戏、双手提重物赛跑、抱人或扛人赛跑、负重爬山或越野跑、着沙衣或背沙袋跑等练习。

（2）多人负重和搬运：有3人抬轿比赛、搬运接力赛、3人扛“木头”比赛、抬担架救“伤员”赛跑、搬运各种重物跑、“搭人墙”前进、“搭人梯”等练习。

2. 负重和搬运练习的注意事项

负重和搬运练习是一项重体力活动，稍不注意就容易发生运动性伤害。因此，在练习前要充分做好准备活动，特别是腰、腿、肩等关节的活动要充分。在练习中，用力要均匀，切忌突然爆发用力。由多人参与的练习，发力一定要一致，最好有人统一口令和步调，相互协调配合，才能避免受伤。

6.5.2.9 应急避险的基本能力——涉水

我们所说的涉水是一项应急避险基本能力，它和游泳是有所不同的，二者在本质上是不一样的。如果在水中遭遇了危险情况，不单会用到游泳技能，还需要学会涉水技巧，要能够进行自我保护或寻求他人救助。若遇到溺水的情况，要让自己保持冷静，不可以大声地呼叫，这样就不容易呛水。然后就要尝试确定自己所处具体区域，确定自己和岸边的距离。如果感觉到自己附近有人，就要尽量让自己的身体浮出水面，然后露出嘴巴呼吸，并呼救。在这个过程当中，切忌放肆挣扎，否则会加快下沉的速度。这样一来不仅仅会让自己更加危险，还会让施救者无法顺利施救。此时，如果能够掌握基本的踩水方式就可以让自己更迅速地脱离险境。可以学习一些简单的踩水方法。第一种方法是双脚往两边蹬，就像青蛙在水里游一样，双手则是从外面往里面划。这种踩水方法最重要的就是手脚并用。第二种简单的踩水方法就是双脚前后交替摆动，同时手也配合好，这样就可以让头部一直保持在水面上。

1. 游泳时可能遇到的问题及处理方法

（1） 抽筋：当水太凉或者是心理紧张都会产生抽筋的情况。当出现了抽筋情况的时候一定不能够过度惊慌，此时需要将足趾快速地扳直；当手指抽筋的时候可以将手握成拳随后张开，这样的动作重复做就能够解脱。

（2）恶心呕吐：当脏水进入鼻子的时候，需要尽快上岸然后按压中脘内关穴。

（3）皮肤出疹发痒：当出现皮肤过敏的情况，需要马上上岸同时服用氯苯那敏，这样情况会得到改善。

（4）头痛：可能是身体寒冷或者是慢性鼻炎呛水所产生的。这时候需要马上上岸喝一杯热水。

（5）腹胀腹痛：如果游泳时空腹或者是刚刚饮食结束，那么就会出现腹痛腹胀的情况，这个时候需要马上上岸，将腹部敷上热毛巾，这样情况会好很多。

（6）耳鸣耳痛：当耳朵或者鼻子进水，可以借助棉签将水吸出。

（7）头昏脑涨：主要原因是游泳时间过长，血液聚集在下肢，导致脑供血不足。且由于过量消耗体力，导致非常疲惫，此时就需要立马上岸进行休息，对身体进行保温，最好再喝一些淡糖盐水。

（8）眼睛痒痛：这种状况一般都是由于水的不洁净造成的，需要上岸后立即进行清洁，一般先用淡盐水对眼睛进行冲洗，接着滴眼药水，在睡前还可以进行热敷。

2. 培养涉水能力的方法

（1）凡能漂浮的水障，游泳通过是最好的方式。如着装游泳，应将上衣敞开，袖子和裤腿卷起，脱掉鞋袜，用侧泳或蛙泳游过。

（2）二人涉水，如遇过膝至齐腰深的急流，可两人分腿面对站立，双手互搭肩上，用侧跨步固定三点移动一点的方式侧向前进。

（3）集体涉水，应当派熟习水性、会游泳的人带头，成一路纵队行进。遇急流或湍流时须用绳索帮助，拴在腰部，彼此连接，或一头拴在对岸打下的地桩或树干上，扶绳依次涉水而过。

（4）使用漂浮器材（竹筏、木筏、橡胶充气船、绳子），可把人和物品带到对岸。

（5）沼泽地涉水则应走杂草密集的地段，行进时不宜走得太慢，必须用木棍探路。集体通过时，先行者应用木桩或树枝标出涉水路径，最后一人回收，转给先行者再用。要成纵队行进，如遇下陷，可赢得时间，让同伴施救。个人通过沼泽地，带上木棍、绳子和充满气的结实气袋或气圈，就能最大限度避免可能发生的事故。必须指出的是，学会游泳是发展涉水能力的一个重要技能。

3. 涉水练习的注意事项

（1）涉水练习最好选择河床比较平坦，水质清洁，水流缓慢，深浅适宜，水底没有污泥、乱石和杂草，以沙土和碎石为主的河段。

（2）根据水流的速度和河面的宽窄来决定起、终点，最好设在水面干净、水底比较平坦，并能容纳较多人的地方。

（3）涉水者必须是身体健康的人，有严重疾病的人不能参加，女性月经期间以及脚上有开放性创伤者不能参加。

（4）涉水练习一定要有组织地集体进行，一切行动听指挥，不可单独行动。

（5）应注意发挥集体力量。大家互相帮助，互相鼓励，同心协力，克服困难，排除危险。

（6）不会游泳者，不能去冒这个险。

6.5.3 突发事件自救措施

现代社会正面临各种突发事件，这些突发事件，包括自然灾害、事故灾害、公共卫生事件、社会安全事件。本节针对日常生活中越来越多的突发事件为人们提供了一些解决的办法。

6.5.3.1 水中自救

1. 不会游泳者自救

在落水后需要保持冷静。如果意外溺水，在附近还找不到救助的人的时候，就要镇静，不能手乱拍脚乱蹬，这样就可以减少水草缠绕，同时还可以节省体力。不要进行挣扎，最好在水中保持身体的平衡。如此你的口鼻就会先浮出水面，就可以保持呼吸并喊人求救。落水后深吸一口气之后将呼吸屏住，接着将肢体放松，最大限度地在水中保持仰位，头部向后仰起，让嘴朝着上方，在水面上将口鼻露出，这个时候就可以保持呼吸了。需要注意的是，吸气最好用嘴，呼气最好用鼻子，这样就不容易呛水了。游泳时间过长出现了体力不支的时候，那么就换一个游泳的姿势进行仰泳，手和脚慢慢地划水，口和鼻就会在水面上浮出，调节好呼吸然后放松身体，休息一下之后慢慢地向岸边游去，也可以在水面上浮着直到救援到来。一定不可以举起双手，也不能进行挣扎，这样做的话下沉速度会更快。

2. 翻船突发事件处理

如果是小船，要与小船一起漂浮在水面上，这样就更容易被人看到。落水者在水中抓住船舷，不要爬上、翻倒或者修正小船。可以游到一边去，把小船牵引或推到一边，然后倒空。如果会撞上水坝、急流、岩石，就要在合适的时机抛弃小船，尽快游到一边去。如果是大客轮，跳水前后就要注意找能够浮动的东西，先将浮物扔进水中，然后朝浮物跳下。如果可能的话，再找一些浮动物，以便做成筏子。如果头顶有人跳水，你就必须跳水，不要被头上跳下来的人砸中，应该快速游到离船远的漂浮物，这样有可能被救生船救起来。

3. 汽车沉于水中处理

汽车（连同乘客）有可能会被冲入水里。一般情况是，汽车是猛然间冲进水里的，而且很快沉入水中，人来不及逃生。如果车窗是关的，车就会浮动较长时间。如果水从车窗漫进来，人想逃跑就非常困难。因为外面有水压，这个时候打不开车门，只有车里面的水快要注满时才打得开。如果车门打不开，就赶快试试另外一边的门，或者摇下车窗，想办法挤出去，用脚狠命蹬。如果没有别的办法，就蹬开或者砸开挡风玻璃或两侧玻璃朝外爬。

4. 遇到激流的处理

首先不要惊慌，要弄清方向，如浪从正面或侧面打来，可把脸转向背浪的一侧，注意吸气，以免呛水。可借助波浪的冲力，浪头未到时歇息等候，快来时则奋力向岸边游，同时不断踢脚，尽量在浪头上乘势前冲。可采用“身体冲浪技术”，以增加前进速度。方法是：浪头一到，马上挺直身体，抬起头，下巴向前，双臂向前平伸或向后平放，身体保持冲浪板状。浪头过后，一面踩水，一面回头观望下一个浪头；双脚能踩到底时，要顶住浪与浪之间的回流，必要时弯腰蹲在水底。

5. 遇到水草的处理

需要采取仰泳姿势直接游回，按照之前的路径来进行。万一被水草缠住，需要非常冷静，避免慌乱挣扎，缠绕发现得越早越容易解脱。被缠绕后，应放松身体，观察缠绕情况，寻找解脱的方法，需要在水面上仰浮。在划水的同时将水草解开，接着采取仰泳姿势直接游回。如果解脱不了，就要大声呼救。

6. 陷入漩涡的处理

如果已经接近漩涡，就应顺着漩涡的外沿，以爬泳泳姿迅速游出，如果不慎被漩涡卷进，可通过吸气直接往水下的方向潜行，同时还要用力地向外游，逃离开漩涡的核心点之后慢慢浮出水面 。

7. 心博骤停的处理

经调查CPR（心肺复苏）初步训练在美国成年人中大概85%的人都是非常感兴趣且愿意去参加的，复苏成功的心博骤停者达到了40%，平均每年被抢救成功的有20万人。心肺复苏时应先判断患者有无意识，拍摇患者并大声询问，如无反应表示意识丧失。这时应使患者水平仰卧，解开颈部纽扣，注意清除口腔异物，使患者仰头抬颏，然后施救者用耳贴近被救者口鼻，如未感到有气流或胸部无起伏，则表示已无呼吸。CPR操作顺序C（circulation）：创建有效的人工循环→A（airway）：确保可以顺畅地呼吸→B（breathing）：嘴对嘴式的人工呼吸。

美国心脏学会（AHA）2010国际心肺复苏（CPR）指南标准：

（1）胸外按压频率至少100次/min。

（2）按压深度至少5厘米。

（3）人工呼吸频率8—10次/min，按压与呼吸以30∶2的比例进行。

（4）普通施救者仅做胸外按压的CPR，弱化人工呼吸的作用，对普通目击者要求按照“CAB”的顺序，即胸外按压、气道和呼吸 。

（5）除颤能量不变，但更强调CPR 。

（6）肾上腺素用法用量不变，不推荐对心脏停搏者常规使用阿托品。

（7）维持ROSC（心肺复苏后自主呼吸循环往复）的血氧饱和度在94%—98%。

（8）血糖超过10mmol/L即应控制，也要避免低血糖。

（9）强化按压的重要性，按压间断时间不超过5秒。

6.5.3.2 火灾自救

面对极强的火势，没有准备的人会完全盲目依赖自己的生存本能。这种本能经常是错误的，而且会因精疲力竭死亡、窒息死亡或者被烧死。不管火势有多么强烈，其实都可以找到逃生出路。但必须保持镇定，找到最合适的逃生方法。

1. 火势变大之前

如果可以想办法扑灭，就关掉电源、煤气总开关；除非是油、油脂、液体，否则可用水浇；对燃烧的油、油脂和液体，应该用锅盖、湿布或者羊毛毯子盖住；油脂着火，千万不要端起锅往外跑；将火周围的东西弄湿，阻止火势蔓延。拿起消防桶或者灭火器，退到安全距离外，对准金属容器部分和周围的火喷。

2. 逃生措施

需要快速撤离险境，不要因为留恋贵重物品而丧失了最佳的逃生时间，对于逃离出去的人禁止再返回险地。

6.5.3.3 地震时避险与自救

1. 地震发生时，家中人员应激防震措施

地震发生的时候如果是住在平房里面，需要以最快的速度钻到桌子或者床的下面，与此同时还需要用被褥、枕头或者脸盆等来保护头部，地震间隙时以最快的速度逃离到安全的地方。

2. 地震发生时，公共场所人员应激防震措施

地震出现的时候一定要保持头脑的清醒与冷静，要不很容易因为秩序混乱而造成伤亡，需要在多个路口有组织地快速撤离。地震如果发生在学校上课的时候，保持冷静，杜绝在教室内乱跑或者是抢着往外跑。千万不能躲到桌子下面，这是个误区。应该是往离楼梯近的同学那边跑，逃离时要远离建筑物，跑到空旷的地方去才安全。

3. 地震发生时，室外人员应激防震措施

不能冒着地震的风险进屋去救亲人，只能等地震过后，再对他们及时抢救。开车时遇到地震，司机应尽快减速，逐步刹车，要赶快离开车子。很多地震时在停车场丧命的人，都是在车内被活活压死，在两车之间的人，却毫发未伤。强烈地震发生时，如果你正在停车场，千万不要留在车内，以免垮下来的天花板压扁汽车，造成伤害；应该以卧姿躲在车旁，掉落的天花板压在车上，不致直接撞击人身。如果在山坡上感到地震发生，

千万不要跟着滚石往山下跑，应躲在山坡上隆起的小山包背后，同时要远离陡崖峭壁，防止崩塌、滑坡和泥石流。在海边，如发现海水突然后退，比退潮更快、更低，就要注意海啸的突然袭击，尽快向高处转移。

4. 地震后自救

（1）地震时如被埋压在废墟下，保持镇静，一定不要惊慌，要沉着，树立生存的信心。不能在精神上崩溃，要有勇气和毅力。

（2）发生地震以后伴随着的还有不少的余震，将有可能持续恶化所在的空间，要避免新的伤害就需要对自身的处境进行改善，清除压在身上的物体，设法支撑一些重物，创造生存的空间，这样就可以尽量降低余震的伤害。

（3）对于险境一定要设法脱离，假设实在找不到脱险的通道，不要大声呼叫，可通过敲击身边的石块等方式与外界联系，以减少体力消耗；为了体力以及精力的节约最好不要盲目行动和急躁以及哭喊，对自己的情绪尽可能进行控制，等待救援人员。

（4）假设在废墟下埋了太长的时间，还是没有等到救援人员，那么就一定要想办法维持自己的生命，同时务必要节约防震包内的食品以及水源，努力寻找饮用水还有食品。如果你在三脚架区，就可以利用旁边的东西来护住自己，以免余震中再次受伤，再把手和前胸伸出来，把脸前的碎石子清理干净，让自己可以呼吸，等人来救你。

6.5.3.4 野外生存常见的处理与自救

随着现代人生活水平的提高，爱好自由行的人们越来越多。有个人出行的，有家庭成员出行的，也有社会组团出行的。无论以什么样的方式出行，如果从事野外活动，尤其是在深山密林中行走时，稍不留神就会迷路或受伤，这时要保持沉着冷静，马上采取措施排除险情，保护自己。因此，要做好以下准备：出发前做好身体和心理的准备，做好体检工作；有慢性疾病的应咨询医生，备好相关药品；量力而行，根据自身能力自定活动计划，切忌好高骛远；活动中如发生意外或继续前行将会有危险，应果断取消行程；出发前应将计划上报学校或通知家人、朋友。

1. 人为造成危急情况的处理

野外遇险时要通过各种方式与外界联系，首先要利用自身条件向外界发出求救信号，如烟火信号、声音信号、镜子信号、尘土信号、文字信号等等。

在野外行走时，要注意观察周围的地形、植被或标志性事物，一旦迷失方向，可以靠回忆周围环境回到原地，带着地图，查看有没有危险地带。例如，密集的等高线表示陡峭的山崖，应该绕道而行。溪涧流向显示下山的路线，但不要贴近溪涧而行，因为山上流水浸蚀河道的力量很强，河岸非常陡峭。所以，应该循水声沿溪流下山。下山时留意有没有农舍或其他可避风雨的地方，小径附近通常都可找到藏身之所。别走近长着浅绿、穗状草丛的洼地，那里很可能是沼泽。

如果黑夜迷路时，无法按照预定时间到达目的地，保持镇静。如有月光，可看到四周环境，就应该设法走向公路或农舍。如果身处漆黑的山中，看不清四周环境，就不要继续行走，在原地露宿，减少体力消耗，同时想办法发出求救信号静待支援。应该找个藏身之处，如果带有维生袋，就应该钻进里面。几个人挤成一团能保温暖。中间位置最为温暖，因此应该不时换位。

没有地图和指南针，也能找到通往安全地方的路线。北极星和南极星总能够指明北和南。另外，太阳在东方升起，在西边落下，这可以提供大致的方向。在具备指针的腕表同时和当地时间校准的前提下，为了对方向进行辨别可以采取下列方式：将手表的时针指向太阳（手表必须指明正确的当地时间）。身处北半球的状况下时针与12点之间的中间地方指向的方向就是南边。假设出现了非常浓厚的云层，看不到太阳，此时就需要观察苔藓尤其是在树上或者是岩石上的。一般在背光处才会有苔藓的产生，而在北半球，一般在东北的方向或者是正北的方向具备较多的苔藓。但如果是南半球，苔藓多的方向就应该是南边或者是东南方向。

身处野外脱离团队特别危险。为了杜绝此种状况，还没有出发的时候就必须强调好纪律，明确路程安排和到达目的地的时间，每个人的个人装备里必须具备以下的物品：地图和指南针，还有灯具、口粮以及水壶，必要的救生盒等，绝对不能多人共用某种装备。

如果在野外进行活动的时候，假设在预定的时间还没有到达目的地，但是天色已经黑了，就需要采取下面的措施：假设路程非常明显，对于所在位置也很明确，而且距离目的地也比较近，那么在照明良好的前提下是可以继续行进的；然而如果出现了不利状况如下雨迷路或队员身体欠佳等，为了安全起见还是建议露宿过夜。

2. 野外常见的自然灾害的应对措施

（1）暴雨：暴雨来临时，会有前兆，应对宿营地的帐篷进行加固或转移，挖好排水沟；行进中应提前找好避雨地方。突遇暴雨时，应根据雨量的多少还有路面的状况再加上队员的身体情况综合判断后做出决定，是进行避雨还是前行。选择继续前行的时候要判断好方向并预防路滑，安全绳在必要的时候需要进行使用。选择避雨时，要注意保暖，防雷电，防山洪。

（2）雷电：夏天雷雨较多，应该学会辨别雷电的远近，一般闪电和雷声的视听时差很短，则表示雷电很近，非常危险，必须立即躲避。

躲避的地方绝对不能在大树下，或铁皮屋，最好的地方就是在岩石下，假设正好处于岩石以及大树的旁边时，是不可以在其正下方的位置，距离这些隐蔽物的距离起码要和这些隐蔽物一样高，此时才能躲避。

做好避难时，人脚要踏在背包、塑料布或其他绝缘体上，同时要穿好雨衣避免淋湿，然后蹲下。携带的通信工具要处于关闭状态。注意不要很多人集中在一起，避免集体受灾。

（3）洪水：洪灾一般都是连续不断的降雨而导致的。原本非常透明的水一旦变成混凝土的样子，那么就证明是山洪暴发的前兆，这时应迅速向高处转移，来不及转移可选择高大的树顶做避难所。如果不幸落入水中，就应拼命抓住自己的背包当救生圈。

（4）沼泽：团体行进时，遇到沼泽地和湿地，应四五个人一组用绳索连接，行走的时候按照纵向进行，同时需要保持2—3米的距离，假设不幸有人落入沼泽地，这样还可以第一时间得到队友的救助。个人行进时应找个木棍，万一掉到沼泽，一定不可乱动，越用力越往下陷。最好将木棍横着支撑，接着将背包的袋子松开放在身后，仰卧背包慢慢地将一条腿抽出，然后再将另一条腿抽出。

（5）森林火灾：一般大火灾都是由于气候过于干燥或者是闪电而造成的，对于山火来说一个很大的隐患就是人为疏忽。野外用火一定要注意安全，火种以及烟头不能乱丢。野炊的时候先准备好沙土以及水，在撤营的时候，确保将火完全熄灭。

（6）地震：出现地震的时候，营火需要立马熄灭，以最快的速度向大树旁或者是空旷的地方逃离。如果在山的斜坡上就会特别危险，由于地震的影响很大概率会导致泥石流的发生。

3. 野外脱险与急救

急救就是对于突发性的伤病进行临时处理。在紧急处理伤者的时候，急救可以达到一个不错的效果。对事故如果不知道该怎么进行处理的时候，在确保伤者不会出现生命危险的情况时，不能随便移动伤者，以免恶化伤情。在还没有进行野外活动的时候，急救培训是每一个成员务必要接受的。

（1）急救常识：如果受伤者昏迷了，首先就是对其心肺功能进行检查，检查一般根据以下的三个步骤来进行。假设受伤的部位是颈部或者是背部，那么头部是绝对不能移动的，要固定好头部。

①将受伤者的嘴巴掰开，如口中有异物的话把它抠掉，接着对其呼吸道进行检查。在受伤者的前额放一只手，同时在受伤者的下颚处用另一只手的两根手指将其抬起，促使其后仰头部。②对受伤者进行呼吸检测。将脸颊在受伤者的嘴巴以及鼻子处停留5秒，感觉其有没有呼吸。③对于受伤者的血液循环进行检测，同时还要检测气管处脉跳的次数。假设脉跳以及呼吸都存在，就需要根据心肺复苏的姿势将受伤者摆好；假设没有脉跳也没有呼吸，就需要立即进行心肺复苏。

（2）人工呼吸与心肺复苏：已在6.5.3.1 水中自救中说明。

（3）休克：对于身体来说，如果每一个组织都得不到充足的养分以及氧气，那么全身血液流量就会减少，这样就会造成休克。休克病人一般表现为面色苍白、四肢冰冷、脉搏细弱，假设没有在第一时间治疗病人，那么体内一些重要的器官就会衰竭，从而造成死亡。处理休克病人的方法：让病人平卧或脚高头低仰卧，注意保暖，保持呼吸道畅通，测量其呼吸及心跳，如果呼吸和心跳停止，则要进行心肺复苏治疗。

（4）热晕厥：夏季参加野外活动，体质不好的人特别容易出现热晕厥，因为他们本身体质较弱再加上由于剧烈的运动消耗了大量的体力，体内失去的盐分以及水分没有得到及时补充的时候，特别容易发生热晕厥。

（5）烧伤和烫伤：当发生烧伤和烫伤时，应迅速采取措施阻止组织进一步坏死。因此应立即向受伤部位倒冷水，至少持续10分钟，以阻止燃烧，减轻疼痛和肿大，防止伤口感染。粘在烧伤处的任何东西都不要除去。尽快在伤口上垫上纱布并用绷带绑好，但不要绑得太紧。不要用黏性的敷料或橡皮膏，也不要在伤口处涂软膏、乳剂或油脂（黄油）。如果有水泡，不要挤压，也不要刺破，因为它们能保护下面的皮肤免受感染。

（6）冻伤：寒冬里长时间在海拔很高的雪山上，很容易冻伤。

（7）大出血：如遇有大出血，可以通过直接或间接加压及抬高受伤部位来控制出血，控制出血可减少感染和休克的可能性。具体做法：先检查其受伤的四肢是否骨折，然后把病人伤肢抬高，在伤口处放上纱布并用手指或手掌按住，再用绷带包扎。包扎伤口不宜过紧，以免影响血液循环，以手指或脚趾有明显脉跳为宜。

（8）流鼻血：高海拔地区，易出现流鼻血现象。病人应坐下来，头向前伸，以免鼻血流入喉咙。病人自己捏住鼻梁下部至少10分钟，松开一下后继续捏住，每次捏10分钟，直至不流鼻血为止。

（9）骨折：如野外骨折或脱臼时，用夹板固定后再用冰冷敷。如不小心从树上或高处摔下来伤到脊椎时，不能随意改变伤者的体位，可将患者固定在比较硬的担架上，这样就可以减小患者身体的晃动，接着就可以将患者立马送往医院。

（10）耳中异物：耳道中有异物堵塞时会导致暂时性耳聋。昆虫进入耳道后在里面蜂鸣或飞动，引起病人的恐慌。这时在耳道中倒入温暖的油滴会粘住昆虫，但最安全的办法是把湿热的水倒入耳中让其浮出来，或到黑暗的地方，用手电筒照射耳道，让昆虫飞出。千万不要用手去抠耳朵，因为可能适得其反，使异物进入得更深。

（11）高山病：高山病的症状有呼吸急促、脉搏混乱、心跳加快、疲劳、无力、头痛、目眩、脸色苍白、食欲不振、呕吐等，高山病的预防是登山前不能暴饮暴食，应排泄通畅，夜晚睡眠充足。在活动中爬上爬下尽量放慢步伐，不要增加身体负担。高山病的急救处理方法是：让患者保持安静、做好保暖、深呼吸，等症状稳定后再下山。有条件可吸氧。

（12）雪盲：若长时间注视着阳光直射的雪地，紫外线会烫伤眼睛。眼睛则会因充血、流泪而睁不开，这就是雪盲。不管是阴天还是下雪均有可能患雪盲。雪盲的预防措施是：使用太阳镜或黑眼罩；将鼻子和面颊用镁擦成黑色，也有减少耀眼光线刺激的效果。患雪盲可以贴上冷湿布，缓和疼痛。

（13）遭遇毒蛇和被蛇咬伤：为了预防被蛇咬伤，最好拿一个拐杖，一边行走一边打草，这样可惊动蛇。假设出现毒蛇，最好是避而远之，从远道绕过；若被蛇追逐时，应向上坡跑，或忽左忽右地转弯跑，切勿直线跑或向下坡跑。

被毒蛇咬过的地方，其周围会剧痛且变肿发红，还有可能导致呕吐或者是视力模糊，流口水以及出汗，最严重就是呼吸困难甚至停止。此时需要快速地清洗伤口，用绷带或布条将最靠近心脏的伤口扎紧，这样可以防止毒素扩散，接着用消过毒的刀，在伤口处划开一个刀口，将毒液用嘴吸出。如口腔黏膜有损伤，则不能吸。吸完毒液后，必须彻底漱口。

（14）遭遇猛兽：食肉类动物一般不会对人类进行袭击，除非它们受伤或者太过于饥饿。

如果在行进的时候说话的声音过大，甚至吹起了口哨，有可能惊动野兽，一般它们都会选择离开。假设遇到了野猪或者是熊，应马上寻找木棍、铁锹等作为武器，但动作应缓慢、轻柔，不要惊动野兽，当然也无需太过于惊慌。慢慢地远离，野兽也可能会自行离开。

6.5.4 应急体育教育中运动损伤的预防与急救处理

"生命在于运动"，而运动必须有一定的规律性，只有掌握科学的锻炼方法，才能起到健身强体的作用。

6.5.4.1 运动损伤的原因

（1）思想因素：运动时思想麻痹，忽视量力而行以及逐步进取的原则，太过着急，对主观条件无法顾及，锻炼太过盲目。

（2）没有适当的准备活动：没有充分的准备活动；准备活动的内容并不适合所要练习的内容；准备活动太过也会造成运动损伤。

（3）心理素质差：在比赛或者训练的时候，没有一个好的心情，或者在较低落的情绪状态下，不具备积极性以及自觉性也会导致运动损伤。

（4）技术动作不正确：技术动作如果和人体的结构以及功能还有力学原理违背，很容易受伤。

（5）训练基于疲劳的状态或者是带伤练习：如果没有调理好身体，或者是在过度疲惫的时候，不但身体的运动功能下降，自身的免疫功能也会下降。

（6）不合适服装：在练习动作时，穿了不符合运动训练的服装。由于动作技术要求高，身体需要展开练习，服装限制了动作轨迹，技术动作变形，因此易造成损伤。

（7）气候不良和场地不适应：训练时，气温过低或潮湿天气，易造成冻伤；准备活动不到位，肌肉僵硬易被拉伤；气温过高或湿度大，容易产生疲劳乏力和中暑。

6.5.4.2 常见的运动损伤

1. 网球肘

一般经常出现在一些投掷类的项目中，如棒球和网球等。主要是在打球的时候太过于用力，腕伸肌受到球的冲击力导致。此时应不再运动，适量休息，同时还需要热敷并按摩。

2. 扭伤踝关节

关节韧带的损伤在体育运动中是最为常见的。在一些跑类或者是跳类的项目出现的概率比较大。因为没有做好足够的准备活动，在跑或者是跳的时候用力过猛，或者是地面不平整，没有一个正确的落地姿势。扭伤后应不再训练，将伤肢抬高，在12小时以内进行冷敷，经过24小时以后再进行热敷并上药。

3. 肌肉拉伤

运动会促使肌肉收缩过猛，肌肉本身超过自身力量承受的范围，从而引起拉伤。

在锻炼时需要适宜的准备活动，不可过于激烈。训练场地的温度也需要注意。拉伤后休息一段时间需要重新开始锻炼。

4. 肌肉痉挛

是由于排汗量过大、肌肉收缩过于快速且持续或受寒引起的。所以需要适宜的准备活动，不可过于激烈。

5. 韧带损伤

韧带损伤最容易发生的部位就是各个关节，如腕关节和膝关节以及踝关节。治疗方法一个是加快消肿，一个就是止痛，然后进行局部冷敷并且进行加压包扎，同时将肢体抬高。

6. 胫腓骨疲劳性骨膜炎

发病率较高的一般就是那些刚刚参加了体育锻炼的人。过长时间地跳，小腿肌肉得到了过分地牵拉，由于骨膜的刺激而引起炎症。

所以运动中要尽量避免冲撞。

7. 关于骨折

骨折的具体表现不但疼痛而且还会肿胀，有的是皮下淤血或者是丧失功能。此时要立刻停止运动并紧急送医。

6.5.4.3 运动中如何预防运动损伤

（1）思想重视：体育锻炼的目的是促进身体发育及骨骼生长，增强体质的同时将健康水平提升，参加者需要明确体育运动的目的，进而在思想上引起足够重视，尤其是在预防运动损伤方面需格外注意。

（2）活动准备做到位：不但需要做好一般的准备活动，专项的准备活动也要做到位。

（3）容易受伤的部位需要加强训练：对于薄弱的肌肉还有容易受伤的部位进行伸展性练习，通过专项训练可以有效预防运动损伤。

（4）训练需要科学地进行，如果处于疲劳的状态，那么就不建议进行大量的体育运动。

（5）需要加强自我保护：参加体育锻炼的时候要学会自我保护，这样可以很好地避免受伤。

6.5.4.4 运动损伤常见急救措施

在体育运动过程中，因为种种原因在运动时常常发生一些意外的身体关节扭伤、肌肉拉伤、撕裂等运动性损伤。这些损伤会影响人的工作、学习，因而要特别重视，对于简单处理也应该了解。

1. 擦伤

（1）如果擦伤的面积不大，伤口涂抹上红药水即可。如果擦伤的面积较大，那么就需要用生理盐水先洗净伤口，接着再用红药水进行涂抹，同时覆盖上消毒棉布，最后再用纱布进行包扎。

（2）如果擦伤的是关节处的皮肤，就需要洗净伤口，接着涂敷上消炎油膏，再将无菌纱布盖上以便固定粘膏，还应该将绷带缠上。

2. 撕裂伤

如果开放伤不严重，在伤口处用红药水涂抹即可；出现了大裂口的时候，就需要止血，并且要将伤口缝合。

3. 挫伤

冷敷或加压包扎需要在24小时内进行，将肢体抬高或者将中药外涂。经过24小时，就可进行理疗或者是按摩。进入恢复期后就可以进行功能性锻炼。

4. 拉伤肌肉

不严重的可以进行冷敷，加压并包扎其局部，将肢体抬高或者是涂上中药。经过24小时后，就可以进行理疗或按摩。假设肌肉大部完全断裂，经过加压包扎急救后将患者固定，立马送到医院进行缝合手术。

5. 出血和止血

（1）按照损伤血管的种类可将出血分为以下三种：一个是动脉出血，一个是静脉出血，还有一个就是毛细血管出血。

（2）按照流向将受伤出血分为两种：一种是外出血，另一种就是内出血。

（3）止血的相关方法：冷敷和加压包扎止血，还有抬高伤体与屈肢加压止血，以及指压止血和止血带止血。

6. 出血急救

（1）如果是四肢大动脉出血，一般止血采用的就是止血带。现在常用的止血带有如下三种：分别是充气止血带，还有橡皮带止血带以及橡皮管止血带。由于橡皮管止血带便于携带，所以在现场急救中它是最为常用的，但是其也有不足，就是施压面不宽容易对神经造成伤害。

（2）需要明确什么时候用止血带，假设运转的时间比较长，那么途中每一个小时需要让上肢或下肢有2—5分钟的放松时间，这样也可以让伤肢的血循环间断地进行。在放松的时候也需要用手指在出血的血管附近进行压迫，这样就可以最大限度避免血液流失。

7. 包扎的作用及要领

（1）用绷带进行包扎的作用如下：对于夹板以及辅料通过绷带包扎将

其固定，保护伤口，不但可以止血而且还可支撑伤肢。

（2）在用绷带进行包扎的时候需要注意以下几点：首先，包扎动作需要柔和并且娴熟，伤肢的位置最好不要进行改变，这样就不会再增加伤员的痛苦。其次，包扎的松紧度要适宜，太紧对血液循环会产生影响，太松就不再具备包扎作用。对四肢进行包扎的时候，需要将手指以及脚趾露出，这样对于包扎的松紧情况可以进行观察。最后，卷带包扎需要开始于伤处的远心端，结束于近心端，对末端的固定一般都是用胶布或者别针，要打结的话需要避开伤口。

（3）包扎的相关方法。绷带包扎法：包扎可分为螺旋形和环形，还有“8”字形以及反折螺旋形；三角巾包扎法：一般用于包扎手部、足部以及头部；前臂悬挂法：臂带分为两种，一种是大悬的，另一种是小悬的。

6.5.4.5 骨折的急救措施

在外力作用下，骨折连续性或完整性遭到破坏叫骨折。

1. 骨折的分类

（1）按照骨断端与外界是否相通进行分类：一种是闭合性骨折，还有一种是开放性骨折。

（2）按照骨折线进行分类：骨折可分为以下几种类型，如横形、斜形，以及螺旋形与粉碎形等。

（3）按照骨折的程度分类：一种是完全性骨折，另一种是不完全性骨折。

2. 造成骨折的因素

（1）直接或者是间接的暴力。

（2）强烈收缩的肌肉。

（3）积累性的相关暴力。

3. 急救处理骨折

（1）急救的原则：对骨折病人的急救原则，就是将骨折的部位进行固定，同时将伤口保护好，防止其休克。

（2）临时固定骨折：如果出现骨折，就需要将折断的部位用绷带或者夹板来进行固定，这样活动的时候不会涉及伤部，不但可以将疼痛减轻，还可以避免二次伤害，同时在转送的时候也比较方便。

（3）对于临时固定来说需要注意：首先在固定骨折的时候不要移动伤肢。其次，在固定的时候不要去整复。开放性的骨折端出现了外露，最好不要进行还纳，这样可以避免深部的感染。再次，在对骨折进行固定的时候，所用的托班或者夹板不论是长度还是宽度，需要相称于骨折的肢体，而且在长度上必须与大股骨折上下两个关节契合。最后，固定的松紧度不仅要牢靠而且还要合适，如果太松就不再具备固定的作用，但是过紧的话会对血管以及神经进行压迫。

6.5.4.6 搬运伤员的方法

经由初步急救处理或者是送往医院过程中的伤病员，有一个环节是非常重要的，那就是搬运。对于伤病员来说采取正确的搬运术，无论是针对伤员的预后还是抢救甚至是治疗都是非常重要的。

搬运手法有扶持法、抱持法、背负法。在搬运危重伤病员时注意事项具体如下：

（1）损伤到脊椎的：三四个人用硬担架进行搬运，将其颈部进行固定，不可以前屈或者是后伸及扭曲。

（2）损伤到颅脑：采用半卧或者是侧卧的方式。

（3）伤到胸部：仰卧并将下肢屈曲，最好采用木板或者是担架。

（4）呼吸困难病人：需要坐立。一般用椅子或者是折叠担架进行搬运。

（5）昏迷病人：一定要平躺，将头向一侧转向，也可以采取侧卧的方式。

（6）休克病人：平躺，不可用枕头，同时要抬高脚。

6.5.5 运用情景模拟法提高学生应急避险能力

在训练学生的应急避险知识与技能时，如果只是单纯地教授理论知识，却没有健壮的体魄作为基础，最终获得的效果并不会很好。因此，在体育教学过程中学生们的生命安全意识的培养，学生们的自救他救能力的不断提升，可以通过使用情景模拟法来展开实践操作与演习。只有这样才可以实现不断提高学生们的应急反应能力的目标。

本研究主要设定了下述两个不同的情景模拟演习游戏。

情景一：夺门逃生。这种情景模拟演习游戏采取小组游戏的形式。一方面，老师可以设计奔跑类游戏，通过参与这种形式的游戏，可以训练和提高学生们的应急反应能力，而且也有利于后续演习活动的顺利展开。另一方面，多门逃生也是应急避险技能培育的主要内容之一。通过参与者的模拟情景演习，可以让学生们真正地认识到在遇到各类突发事件的时候，应当如何正确地逃跑，在这个演习过程当中，老师就可以教会学生们在各种突发事件当中正确的逃离方式和疏散方式，以及逃离现场过程当中应该注意的夺门逃生细节。

基本部分指导教学：学生划分为两队，先做一些小游戏，如报单双数或者是加减法等，这个是对学生反应速度的一个简单考验，这样学生在游戏中才可以集中注意力。在学生毫无防备的时候突然发出指令，让他们以最快的速度撤离教室，跑得慢的一队就需要进行对应的惩罚。跑出的方式就是从离队最近的门跑出，两队可以同时进行；也可以用两队交叉的方式跑出门；或者一个队员背着另一个队员。

教学目的：在游戏的整个过程中孩子们都是处于奔跑的状态，在不重复内容的前提下要持续的时间是30秒。这个就是在非常混乱的状况下让学生进行充分的体验，让他们明白很多事情是没有选择的，要在日常生活中掌握逃生本领。

结束部分教学指导：腿部肌肉的伸拉练习。

情景二：急速键盘。这种情景模拟演习游戏主要的目的是不断提升学生们的判断能力。此游戏同样是以团队为参与形式。在游戏当中融入一系列的火灾逃生、奔跑等行为动作。通过参与这样的情景模拟游戏，不仅可以让学生们的团队协作能力得到有效的提升，而且还可以强化学生们的灾害自救能力与自我保护能力。

准备部分教学指导：学生一共分成四队，在一条直线上每个学生的双脚站齐，队员之间不可以交谈，在学员的双脚不离开线的前提下，按照他们出生年月依次从大往小排列，或者是从小到大排列。胜出方就是正确率最高且用时最短的一方。假设出现了犯规的情况，那么就需要在进入游戏之前进行惩罚。

教学目的：考验小组团队之间的默契，让学生体验不用语言的情况下如何开拓思维，选择什么样的方式进行信息传递。

基本部分教学指导：开始将游戏的规则介绍给各组的组长，组长再告知组员。起跑线和“键盘”的距离大概是30米，对于无规律摆放的键盘位置需要快速奔跑到位，同时在敲打的时候是依次从A至Z，接着根据火灾逃生方式向起跑线方向进行奔跑。通过终点的成绩就是本队的成绩。胜出方就是用时最短的一方。

教学目的：迅速掌握游戏规则，在游戏的过程中团结一致，冷静地完成任务。

结束部分教学指导：引导学生思考游戏结束后的收获感想。学生之间相互交流沟通，认识团结协作的重要性。引导学生回想在日常生活中与人交流和沟通的场景，促使其养成良好的合作意识。

情景三：简易橄榄球。设计“简易橄榄球”的思路：速度的能力主要体现在一次成功躲避或者逃脱的完成上，不但要精准地判断时机而且还要结合敏捷度。在练习的过程中需要提升和同学之间的默契度，将信任感建立，这样可以更好地保护自己。

开始部分教学指导：主要头和肩，还有腰和膝，以及手腕和脚踝等部位的关节。

教学目的：对运动性损伤进行预防。

基本部分教学指导：游戏开始，教师持球站在中圈内，将球抛掷于地上，双方队员上前抢夺，得球一方即为进攻方，另一方为防守方。进攻方可持球跑动，也可采用传、接球方式，将球推进到对方身上落地后可取得1分。防守方力图阻止进攻方的进攻并夺取控球权。如果一方得分或丧失控球权则攻防转换。如此反复，直到游戏结束，得分最多的队获胜。

教学目的：进行自我保护；需要具备灵活的动作；对于闪躲的动作也需要进一步强化；最终达到精准投掷。

结束教学指导：同学之间相互放松按摩。

教学目的：促进身体迅速恢复、达到身体放松目的。

目的要求：在此次演练活动当中，让学生思想都集中在游戏过程中，教师帮助他们共同完成特定任务，让学生们学会团结协作、听指挥。提升学生们遇事时的判断能力，让学生们更好地掌握避险逃生的技能。

对参与了上述三种情景模拟演习游戏的学生进行了访谈。大多数学生都对夺门逃生活动有非常深刻的印象。有学生提到，在参加夺门逃生这节课的时候，听到老师下达指令之后，所有同学都往门口蜂拥过去，门口有很多同学都拥挤在一起。在顺利逃出门后，感到非常庆幸。可是，后来老师告诉了他们很多关于逃生的知识。他们才真正意识到，之前的夺门逃生方法是错误的。这次夺门逃生情景模拟游戏让他们收获了很多。其实，在小学的一些课程中，他们就学习到了一些应急逃生的理论知识。可是，在这次实际夺门逃生演习当中，他们才发现无法熟练地使用这些理论知识。而通过这次情景模拟演习，他们真正学会了如何将理论知识应用到实践操作当中。

由此就可以知道，这种情景模拟演习方式是更具有趣味性的，也是更加受到学生们的喜爱的。更重要的是，这种情景模拟演习方式能够让学生们更加深刻地认识到生命安全教育的重要性，这种实践操作的方式远比单纯的理论教学模式要好很多。

6.5.6 体育锻炼时应注意的基本要点

（1）逐步递进，力所能及。上述的这些就是在健身锻炼中需要恪守的基本原则。试举重量不能超过自身的承受能力。特别是将训练中断以后再重新进行训练的时候，不能急着增加运动负荷，先前的运动方式也不能继续采用，需要时间让肌体有一个恢复的过程。

（2）规范动作。一些运动的动作如果不规范的话，一般都会损坏韧带或关节与肌肉。所以规范的运动动作对运动损伤的预防非常重要。

（3）状态不佳时，需要减少运动量或者停止运动。人体的运动机能也是会有波动的，运动量在身体状态不好的时候就需要减少，也可以休息1—2天，这样便于进行调整。在操作上一定不可以勉强，毕竟受伤一般都是发生在精力不集中以及状态不佳的时候。

（4）健身的具体场所需要根据情绪的变化来进行选择。情绪不高涨的时候，为了调节情绪可以对健身场所或健身方式进行更换。

（5）在大负重的时候请求老师或伙伴的帮助。对于难度大的动作或者是完成大负重时，要寻求教练或者伙伴的帮助。

（6）集中注意力的同时还要强化自我保护意识。集中注意力不但可以预防意外受伤，而且还可将训练的质量提升。身体出现不适时，需要减少运动量，也可以将运动停止，注意自我保护。

（7）保证休息。健身锻炼会透支身体，也可能损伤肌肉，保证必要的休息对肌肉的生长还有肌体的恢复都可以起到促进的作用。休息不仅仅就是睡眠，还包括一些对身心健康有利的娱乐活动。

（8）训练内容需要科学组合。例如，在关于肩和背的训练中，先练肩然后再练背。因为在练背的时候可以放松，让肩部得到休息。假设练完背之后再练肩的话，那么上背肌群就很容易造成损伤。所谓的有限原则，即在体力充沛以及精力旺盛的前提下，先把薄弱部位的训练以及难度大的训练完成，如此不但可以保证训练的质量，而且还可以很好地预防运动损伤。

（9）饮食要合理。对身体的恢复可以起到促进的作用，对肌肉的酸痛可以缓解。摄取的食物需要多样化，不可以偏食。尤其在夏天的时候很容易出汗，那么就需要补充运动饮料以及淡盐水。食物的酸碱平衡是需要保持的，太高的蛋白质就容易产生更多的酸性物质，碱的储备就会减少，对于肌体的恢复是非常不利的。碳水化合物和蛋白质最合理的配比是7∶3。

（10）对运动器械要进行检查，不同的护具要进行佩戴。对器械安全性的检查是对运动意外损伤进行预防的措施，千万不能忽视。还有对于运动着装需要注意，一些护具如手套和护腰、护腕等需要佩戴。除此以外，可以根据自身的具体条件对安全有效的项目进行选择。

提示：如锻炼之后的两到三天内局部肌肉还会持续的疼痛或者是酸痛，那么就可以服锌镁力（ZMA）。这个是营养补剂的一种微量元素，主要就是镁和锌，可以快速地消除肌肉的疼痛，可以积极地促进运动损伤的恢复，同时还可提升睡眠质量。其使用方式是：在临睡前一小时用凉开水送服2—3粒。

6.6 体育课程中融入
应急避险能力课程综合成果评定权重比

针对实验班与对照班的应急避险能力进行最终的成绩考核，主要采取的考评标准如下表6.3所示。本研究的教学成果评定主要是主观性评价，与此同时也结合了其他客观性因素展开评价。在此次教学成果综合考评当中，不仅有学生的自我评价，也有学生之间的互相评价。需要特别注意的一点就是，在进行教学成果考评的时候，需要针对学生的实际学习情况制定出不同的考评目标与建议。这种差异性评价方案可以让学生们感受到通过自己的努力是可以取得好成绩的，成绩和付出是成正比的，也就激发了学生们对应急避险课程主动学习的热情。

表6.3　体育综合考评各内容所占权重统计情况

内容	权重(%)
应急避险理论知识	10
应急避险技能测试	30
课堂表现、出勤率	5
体育专项测试	55

6.7 体育课程中融入应急能力课程实践教学结果分析

6.7.1 应急避险知识常识试卷的统计结果分析

由表6.4可以看出：实验班在应急避险常识方面是显著强于对照班学生的。两组之间的差异是具有统计学意义的。由此也就证明了，实验班学生在接受为期一个学期的体育课应急避险教育之后，学生们的应急避险知识水平有了大幅度提升。因此，我们也可以认为，在学校体育课程里面融入应急避险知识技能教育是非常必要的。另外，在进行体育教学的时候，通过采取体育游戏、知识竞赛等各种不同形式的教学方法，极大地激发出了学生们的学习热情与积极性，进而提升了教学效率，改善了教学效果。

实验组考试内容：

（1）应急避险知识常识试卷一份。分值：百分制。

①自然灾害应急避险知识。②日常应急避险知识。③常见应急急救知识等。

（2）应急避险技能应用。分值：百分制。

①心肺复苏、出血和止血等各类急救包扎，学生抽选一项作为技评考试。②身体躲闪能力测试、技评考试。③身体素质考试、50m短跑、女生800m和男生1000m、立定跳远、男生引体向上和女生仰卧起坐、坐位体前屈，共7项考核。各项已换算成百分制。

表6.4　学生应急避险常识知识试卷统计分数状况

分班	平均值	标准值	人数	p
实验班	88.72	3.18	36	0.002
对照班	78.86	3.79	36	

6.7.2 学生应急避险技能对比结果与分析

根据表6.5我们可以知道，实验班学生的应急避险技能水平是显著优于对照班学生的，组间差异具有统计学意义。由此也就证明了，实验班学生接受了一个学期应急避险教育的体育课，然后应急避险技能水平有了大幅度地提升。在此次研究当中，针对实验班学生展开的主要应急避险技能包括：站立、奔跑、翻滚、涉水等等。此外，本研究还采取了情景模拟演习等各种训练方法。这些方式手段的应用，提升了学生们的身体应急反应避险能力，因此对学生们掌握逃生技能有很大帮助。

表6.5　学生应急避险技能分数统计状况

分班	平均值	标准值	人数	p
实验班	68.77	3.89	36	0.034
对照班	78.23	3.24	36	

6.7.3 学生综合成绩评定结果与分析

对实验班和对照班学生的综合成绩评定结果进行分析可以发现，两班学生的综合学习成绩有非常明显的差异。两班学生的综合成绩评定结果具体如下表6.6所展示。由此可以知道，在体育课程教学当中添加应急避险知识、技能教学内容，能够激发出学生们的学习热情和积极性，而且还可以提高课堂教学效率，改善课堂教学效果。最终就可以让学生们在掌握知识技能的同时，还可以锻炼身体，更重要的是还能够强化学生们的安全意识、自我保护意识，提高学生们的应急避险、自救他救的能力。

表6.6　体育综合成绩结果统计情况

分班	平均值	标准值	人数	p
实验班	74.45	3.67	36	0.015
对照班	82.33	3.25	36	

6.7.4 学生对体育课满意度的统计分析

通过一个学期的应急避险理论和技能学习之后，最终的学习情况如表6.7展示，实验班的学生对于体育课程的参与度、满意度都显著超过对照班的学生。由此可知，增加体育课程应急避险教学内容，采取更加灵活多样的教学手段和方法，是可以帮助学生们提升课堂学习热情和兴趣，让体育课中应急避险能力教育作用充分发挥出来。

表6.7　体育课满意度在对照组和实验组对比统计（N=72）

分班	不满意	一般	满意	非常满意
实验班	5.56	16.67	44.44	33.33
对照班	11.11	47.22	27.78	13.89

第7章 学校突发事件应急预案及采取措施

“人命关天，安全第一”，安全工作是学校各项工作的重中之重。营造一个安全的工作、学习和生活环境，不仅是全体师生员工和广大家长的迫切意愿，也是推进学校教育、教学工作的重要保证。各学校贯彻落实教育局关于《学校突发事件处置工作预案》的精神，加强处理学校突发事件的综合指挥能力，有效地提高紧急救援反应速度和协调水平。确保校园各类突发事件能够及时、迅速、高效、有序地得到处理，最大限度地降低突发事件造成的危害，保障师生的生命安全，做到遇事不惊，临危不乱。

本预案所称突发事件是指在校园内突然发生的，对于学生正常的学习以及生活都产生了很大的影响，那么对于社会安全事件以及事故灾难就需要采取应急处置措施来应对。下面结合学校实际，对突发事件采取的应对措施具体如下。

7.1 组织与指挥

7.1.1 建立学校应急事件处置领导小组

（1）教研组和学校领导及相关科室的主要负责人共同组成了突发事件应急处理领导小组，组长由校长来担任。

①教师应到指定岗位，然后采取应对的措施。②对于抢险排危还有对应的施救工作需要安排教师来开展。③按照需求疏散师生员工，同时还要根据事件的性质，向上级部门汇报，快速采取紧急措施。④按照需求对现

场进行控制。⑤完善本校突发事件的应急处理程序。

（2）出现突发事件以后，学校突发事件应急处理领导小组按照“生命第一”的原则处理，决定是否启动突发事件的应急预案，是否需要及时报告上级主管部门。

（3）学校的每一个部门都有其自身的职责范围，要把突发事件的应急处理工作做到位，履行好其职责。

（4）在发生突发事件的时候，需要保证小组每一个成员通信畅通。

（5）学校突发事件应急处理领导小组对突发事件作出的命令或者决定，无论是学校的哪一个部门或个人都必须服从。

7.1.2 建立学校应急事件预警系统

由校长、教导处、安全办、总务处、办公室等人员组成。主要职责为：将危险信号第一时间发出，畅通信息途径，提醒老师以及学生险情的发生，针对突发事件的产生采取有效可行的措施。突发事件发生后，能客观真实地反映情况，及时向领导建言献策，参与制定预防及处置方案。

7.1.3 建立学校应急事件处置机制

（1）信息报送。学校突发事件发生后，学校、班级、知情者应立即将发生地点和事件情况汇报给学校应急事件处置领导小组、校长室。学校应急事件处置领导小组、校长在规定时限内将事件发生的时间、地点、经过、危害程度、发展趋势、所采取的处理措施、需要帮助解决的问题等情况迅速报告上一级领导。一般突发事件在2小时内报送，重大突发事件必须即时报送，最迟在半小时内报送。具体为先口头报，再书面报。同时应及时续报事件发展情况、原因、后果及对事件的处理情况。

（2）应急事件处置领导小组职责。负责指挥、协调和处理突发事件，并对其他特殊突发灾害事故作出重大决策，协调解决处置工作中的核心问题；根据应急处置工作预案来开展工作。出现了突发事件以后，应立即成立突发事件现场指挥小组，负责具体的施救和各项善后处理工作。

其具体职能为：发布应急救援的命令；救援行动由指挥救援队伍来实施；第一时间向上级和有关单位通报事故情况，必要时向有关单位发出救援请求。认真调查取证，写出有关书面材料。在处理突发事件时，现场指挥机构可视情况设立现场协调组（负责传达贯彻领导指示，报告处理情况，协调有关单位救援和险情排解工作，完成领导交办的各项任务），现场抢救组（负责对伤员进行现场救治），善后处理组（负责对死难、受伤家属的安抚、慰问工作，做好群众的思想稳定工作，妥善处理好善后事宜，消除各种不安全、不稳定因素），宣传报道组（负责事件新闻报道的起草、把关工作）等具体工作小组。

（3）现场保护。重特大突发事件发生后，学校及当事人要依靠当地组织、群众力量，迅速展开抢救工作的同时，对事故现场实行严格的保护，防止现场痕迹和相关物品、证据被破坏和丢失，需要移动现场物件的应作出标志、绘制现场简图并写出书面记录，妥善保存现场重要的痕迹和物证。发生突发事件时，校主要领导及相关负责人须亲临现场指挥救援工作。

（4）善后处理工作。

1）学校突发事件调查工作，由该学校负责处置突发事件的领导小组配合学校相关职能部门展开调查工作。事发学校要及时做好善后处理工作，积极维持学校正常的教育教学秩序，维护社会稳定。

2）在突发事件期间，对散布谣言、破坏学校正常的教育教学秩序的，扰乱社会秩序的，及时报公安机关，并配合相关部门依法予以查处。

3）对在处置突发事件工作中，表现积极，贡献突出，奋力抢救抢险，成效显著的要给予表彰和奖励。反之，要给予批评和处分。

7.2 监测与报告

7.2.1 巡视监测突发事件的发生

学校突发事件巡视监测的责任是任何人员都应承担的，对于学校突发事件进行监测的职责是教学活动的带队教师以及学校安保门卫等人都需承担的，突发事件若有很大概率会发生，则需要及时汇报给学校领导。

7.2.2 创建信息报告制度

对于已经发生或者是有可能出现的突发事件，应逐级汇报，第一个发现事件发生的人需要第一时间汇报学校，而学校应该向主管部门及时汇报，同时还要密切联系上级部门。

7.2.3 学校重大事件报告程序需严格执行

无论是哪一类别的突发事件，对事件的属性都应该快速作出判断，按照事件性质需要及时求救于政府以及各救治排险机构，同时还要汇报给政府职能部门以及上级主管部门。在还没有明确得到上级部门的指示以前，对事故现场以及相关证件都要实施保护。

7.2.4 向外发布突发事件的情况

只有经过校突发事件处理领导小组的同意，且对突发事件性质进行确认之后再对外发布事件情况，不可以靠自我猜想以及采用夸张方式发布，也可以等上级核实之后再做决定。

7.3 成立应急调查与救治小组

突发事件出现以后，校相关部门以及应急处理领导小组，开始调查处理突发事件。对突发事件的现场进行勘察以及调查清楚突发事件之后，需要采取对应的措施，评估事件危害的程度。如果有伤亡情况，需要将伤亡病人马上送到医院，如果伤情无法判断就需要立马请求救援。

保卫部门和学生管理部门要保护现场，同时采取隔离以及疏散等措施，稳定学生思想、做好学生管理，保证学生无论是在身体上还是在心理上均处于相对稳定的状态。

突发事件应急处理工作领导小组按照具体需求，可采取以下措施，如停课或者停学等，同时还需要第一时间将事件的具体状况向上级部门进行汇报，同时采取对应的措施。按照事件的具体性质，第一时间联系涉及事件的学生家长还有教师家属，将事件发生的原因以及处理结果如实告知。

7.4 应急预防监控措施

7.4.1 火灾

如果学校出现了火灾全体师生需要第一时间报警，快速地将情况汇报给学校相关领导。教育场所出现了火灾就需要立即停止相关的教育活动，同时还需要安全疏散或者转移人员。假设出现了伤员，需要第一时间抢救。对火灾情况要立刻处理。具体如下：

（1）假设火势较大，仅仅依靠学校可能扑灭不了，此时就需要第一时间拨打119。

（2）假设火灾发生在核心部位，仅仅依靠学校自身力量扑灭的可能性不大，可能会危及其他部位，此时就需要毫不犹豫地拨打119报警。与此同时需要采取自救措施，将物品转移，将消防通道打开并将人员疏散，切开电源。

（3）如果火灾，依靠学校自身能力可以扑灭，那么就需要立即采取扑火措施，事后需要以书面的方式向学生处汇报火灾发生时间和地点以及具体状况，还有扑火的经过及火最终扑灭的方式，等等。

7.4.2 恶性伤亡事故

如果学校出现恶性事故导致人员伤亡时，需要立马保护现场，同时将应急预案上报学校。学校对伤亡状况无法进行判断的，就需要第一时间报警，并拨打120。

学校还需要第一时间调查上述事件发生的原因，配合警方实事求是地提供相关证据。对事故的处理需要按照调查结果还有相关的法律法规来进行。

7.4.3 传染性疾病暴发

针对传染性疾病来说需要做到以下几点，首先就是发现早，其次就是早报告，再次就是尽快隔离，最后就是及时治疗。需要加强预防以及控制措施，避免疫情进一步扩散。如果出现的传染病的波及范围比较大，同时还没有明确的群体性致病原因，或者是食物中毒事件，等等，可以采取以下措施：

（1）针对全校师生的保护措施务必要采取到位，发放防护用品。公共卫生场所的消毒设备要保证齐全，提供洗手液、流动水及消毒肥皂等。

（2）不论是师生的寝室还是人群较为集中的地方均需要加强通风的时间。户外活动的时间也可适量增加，做到劳逸结合，提升抗病能力。个人卫生要做到位，衣服被子需要常晒。

（3）师生最好不接待外地来访的客人，不参加人员聚集的活动，最大程度地减少一些没有必要的会议。

（4）疫情如果出现，一定要控制好外来的人员，教育学生学会自我保护，限制学生去人员密集的场所。

（5）学校务必要采取消毒措施。

7.4.4 地震、洪灾等自然灾害

自然灾害一旦出现，人的生命安全永远要放在首位，若事态不可控，学校需立即停课。对师生教育教学方面能产生影响的务必要第一时间安排到位，也可以采取一些安全措施，如果学生在上下学路上有危害其生命安全的，就要告知家长接送孩子。一些自然灾害如果是可以预见的，那么灾害还没有发生的时候就要提前将防护部署到位，像龙卷风以及地震等这些无法预见的自然灾害，需要采取的措施就是事发时的自救以及事后的施

救，同时还要将具体事实状况进行汇报。

产生环境污染突发事件时，应配合环保部门紧急疏散全校师生，并做好学生的思想安抚工作，疏散过程维护好师生的秩序。平时要对全校师生进行环保教育和环境污染自护自救教育。

7.4.5 人为破坏

（1）校园出现了爆炸等恶性事故时，需要第一时间报警。组织力量对师生进行保护，还要安全地将人员疏散，救治伤员。事后校园的巡逻工作要进一步强化，非本校人员禁止入内。

（2）对于一些突发事件如绑架等，第一时间报警，同时还需要和公安部门配合，向其提供相关的破案线索。如果出现的突发事件是打架斗殴导致人伤残的，也需要第一时间报警，同时将伤者送入医院，对现场进行保护，将其原因查明。

7.4.6 预防校园拥挤、踩踏事故应急处置预案

（1）制定预案，做好日常防范工作，避免发生拥挤、踩踏事故。上课、下课、放学、课间操等上下楼活动中，不强求速度，时刻注意安全第一。各班级必须走规定的楼梯，楼梯口安排楼道护导老师值班。

（2）报告制定。班级学生和老师发现发生拥挤踩踏事件时，在迅速处置的同时，要以最快的方式并且在最短的时间里向学校报告，学校接到报告后应及时处理，并根据实际情况及时向上一级有关部门报告。任何人对突发事件不得隐瞒、缓报、谎报。隐瞒、谎报者追究其行政及法律责任。

（3）紧急预案。①如果出现踩踏事件，发现人要以最快的速度报告校长室。②学校应急小组要马上到事故地点，进行科学、认真地处理，并将受伤人员送往就近医院治疗。③学校要以最快的速度将事故情况上报有关主管部门。

7.5 学校建立安全规章制度的目的和意义

（1）不少学校的安全管理规章制度并不完善，或者未遵循已建立的安全管理规章制度，导致教职工在工作中无章可循，或者会出现违章行为，各类事故时有发生。为了实现学校教育教学目标，保证教育教学工作有序地进行，要求师生员工共同遵守学校制定的行为准则，这对建立和维护学校的正常秩序，将学校管理效率进一步提升，完成学校要求的全部教学任务，具有重大的理论意义和现实意义。

（2）建立、健全安全规章制度是学校的法定责任。学校是师生安全工作的责任主体，国家有关法律法规对学校加强安全规章制度建设亦有明确要求，《中华人民共和国突发事件应对法》第二十二条规定："所有单位应当建立健全安全管理制度，定期检查本单位各项安全防范措施的落实情况，及时消除事故隐患；掌握并及时处理本单位存在的可能引发社会安全事件的问题，防止矛盾激化和事态扩大；对本单位可能发生的突发事件和采取安全防范措施的情况，应当按照规定及时向所在地人民政府或者人民政府有关部门报告。"所以，建立、健全安全规章制度是国家有关安全工作法律法规中明确规定的学校应承担责任。

（3）建立、健全安全规章制度是学校安全管理的重要保障。学校安全关乎千万个家庭的安全，如果学校在教学过程中不能有效防范安全风险，学校秩序就不能保障，甚至还会引起社会动乱。因此，客观上需要学校对各部门、各岗位人员操作进行评价和分析，安全防范措施以及操作规程均需要制定出来，这样对学校安全工作有序合法运行才有保障，可以最大程度降低安全风险。学校在长期教学活动中，对防范安全风险的对策以及措施已经有大量的积累，将这些措施制定成安全规章，如此才可有效预防。

（4）建立、健全安全规章制度是学校保护教职员工、全体学生安全与健康的重要手段。国家有关安全工作的法律法规明确规定，学校必须采取切实可行的措施，保障教职员工、全体学生的安全与健康。因此，只有通过安全规章制度的约束，才能防止学校安全管理工作的随意性，才能使教职员工、全体学生进一步明确自己的权利和义务，有效地保障教职员工、全体学生合法权益。同时，规章制度的建立也为教职员工、全体学生在工作中遵章守纪提供了明确的标准和依据。

7.6 学校安全教育

7.6.1 学校安全教育培训对象

①学校主要负责人、安全主管人员；②教职工全体；③学校特种专业人员；④家长。

7.6.2 学校安全教育培训内容

1. 学校主要负责人、安全主管人员安全培训内容

①国家安全管理方针、政策和教育系统有关安全管理法律、法规、规章及标准；②安全管理基本知识、专业知识；③学校隐患排查与整治、重大危险源管理、重大事故防范、应急管理和救援组织以及事故调查处理的有关规定；④国内外先进的教育系统安全管理经验；⑤教育系统典型事故和应急救援案例分析；⑥其他需要培训的内容。

2. 教职工安全培训内容

①国家安全管理方针、政策和教育系统有关安全管理的法律、法规、规章及标准；②学校的安全规章制度；③学校安全检查、隐患排查与治理的方法；④学校典型事故类型的防范措施；⑤应急管理、应急预案编制以及应急处置的内容和要求，要求全面掌握并可以传递给学生；⑥教育系统典型事故和应急救援案例分析；⑦其他需要培训的内容。

3. 家长安全教育培训

①防自然灾害教育；②夏季防溺水教育；③交通安全教育；④饮食安

全和疾病预防教育；⑤防诈骗信息教育；⑥安全接送教育。

4. 特种作业人员安全教育培训

特种作业人员必须按照国家有关规定，接受专门的培训，具有相应特种作业安全知识，经安全技术理论考试和实际操作技能考核合格，取得特种作业操作证，方可上岗作业。

特种作业人员操作证每三年复审一次，复审培训时间和学时按照国家有关规定执行。离开本岗位半年以上的特种作业人员，应当重新进行实际操作考试，经确认合格方可上岗作业。特种作业证逾期未复审的，按照作废处理。

7.7 学校常见交通安全事故的预防与对策

中国平均每分钟就有一人因车祸伤残，每五分钟有一人因车祸死亡。每天因车祸死亡的有300人左右，每年因车祸死亡的有10万人左右，汽车数量占世界1.9%，车祸死亡人数占世界15%，且每年增加4.5%。自1899年发生第一起有记录车祸以来，全球车祸累计死亡3000多万人，超过第一次世界大战死亡人数。截至2013年1月，全国机动车保有量约为1.92亿辆，全国机动车驾驶人约2.05亿人，中国已经大踏步进入“运输车辆时代”。但是，值得社会关注并亟待采取有效措施的是，有数据显示，因道路交通事故导致的儿童伤害和死亡率在1985—1999年中，增长了81%。我国每年有超过1.85万名14岁以下儿童死于交通安全事故，每天至少有19名15岁以下的中国孩子因道路交通意外而死亡；77人因道路交通伤害而受伤。中国少年儿童交通事故死亡率居全球首位，是欧洲的2.5倍、美国的2.6倍！由中国社会科学院社会学研究所等发布的《中国汽车社会蓝皮书》中显示：中国75.66%的汽车内没有安装儿童安全座椅；39.95%的家长曾让孩子坐在副驾驶位置；而43.12%的家长选择在乘车时怀抱儿童；10.05%的家长则认为安全气囊能有效保护儿童。《中国汽车社会蓝皮书》

作者陈辉表示，这些都是交通事故中儿童受到重大伤害的主要原因。陈辉建议，政府部门应健全相关的法律法规，包括儿童安全座椅具体的使用条件、惩罚条例等，并加大宣传力度。

我们都知道，安全教育除了家庭教育外，学校里的安全教育是不可缺少的，安全事故无时无刻不困扰着学校管理者和学生家长。因此，对于学校中的常见事故进行分析，同时做好安全预防和控制工作，也是尤为重要的。

7.7.1 加强学生交通安全知识学习

交通安全是指人们在道路上进行活动、玩耍时，要按照交通法规的规定，安全地行车、走路，避免发生人身伤亡或财物损失。

（1）骑自行车：自行车轻巧灵活，是外出理想的交通工具，不少小朋友都想学骑自行车。学骑自行车不仅要有大人指导和保护，还要选择在人车稀少的道路、广场或操场等地方，禁止在交通繁忙的地段学骑自行车。当小朋友学会骑车，兴冲冲地骑车上马路时，千万要注意骑车安全。12周岁以下儿童不准骑自行车，城市道路复杂，车辆繁多。由于儿童缺少生活经验，应变能力差，同时《中华人民共和国道路交通安全法实施条例》也明确规定："驾驶自行车、三轮车必须年满12周岁"，学生应自觉遵守。如果到了法定的骑车年龄，也必须先认真学习有关骑自行车的规定，掌握好安全骑车的基本要领后再上道路。

（2）安全走路：走路，谁不会呢？其实不然。如果我们不注意交通安全，走路也闯祸。因此，上学读书、放学回家、节假日外出时，走在人来车往的交通繁忙的道路上，要遵守交通规则，增强自我保护意识。我们走路要走在人行道上。在没有人行道的地方，应靠道路右边行走。走路时，思想要集中，不要东张西望，不能一边走一边玩耍，不能一边走路一边看书，不能三五成群并排行走，不要乱过马路，不能追赶车辆嬉戏打闹，更不要在马路上踢球、溜冰、放风筝、做游戏。一旦被来往车辆撞倒，后果非常严重。

有的同学认为乱过马路没啥关系，反正驾驶员会刹车的。其实，汽车不是一刹就停的。因为有惯性，刹车后车辆还会向前滑行一段路，这就是惯性。就像人在奔跑中，突然停下来，身体还会不由自主地向前冲出几步一样。何况还有可能驾驶员不注意、刹车不灵等情况发生。所以，乱穿马路是十分危险的，不少交通事故就是因为行人乱过马路造成的。这些教训应该引以为戒。

（3）乘车：乘坐公共车辆，应该遵守公共秩序，讲究社会公德，注意交通安全。

候车时，应依次排队，站在道路边或站台上等候，不应拥挤在车行道上，更不准站在道路中间拦车。上车时，应等汽车靠站停稳，先让车上的乘客下完车，再按次序上车，不能趁乱拥挤。上车后，应主动买票，主动让座给老人、病人、残疾人、孕妇或怀抱婴儿的乘客。车辆行驶时，要拉住扶手，头、手不能伸出车窗外，以免被来往车辆碰擦。下车时，要依次而行，不要硬推硬挤。下车后，应随即走上人行道。需要横穿车行道的，应从人行道上通过；千万不能在车前车尾急穿，这样很不安全。

（4）横过道路：上学、放学和外出活动，我们几乎天天要在道路上行走。走路要保证安全，这里面的学问可多着呢！有不少行人因为没有掌握好安全横过道路的要领，结果丧生于汽车轮子底下。

横过道路时，要选择有人行横道的地方。这是行人享有“先行权”的安全地带。在这个地带，机动车的行驶速度一般都要减慢，驾驶员也比较注意行人的动态。在没划有人行横道的地方横过道路，要特别注意避让来往的车辆。避让车辆最简单的方法是：先看左边是否有车来，没有来车才走入车行道；再看右边是否有来车，没有来车时就可以安全横过道路了。生命仅有一次，而且生命是无价的，务必遵守交规，确保自身安全。

（5）交通标线：所谓交通标线就是在马路上用各种颜色的漆划的线条。一些道路中间的很长的白色或者黄色的线称为车道中心线，对来往的车辆进行隔离，这样车辆就不会相互干扰。白色线基于中心线两侧的称之为“车道分界线”，如果虚线代表可以跨越，如果是实线则不能。它明确规定机动车只能行驶在机动车道上，而非机动车也只能行驶在非机动车道上。停止线一般都位于路口四周。当亮起红灯的时候，所有的车辆必须停止在此线以内。而人行横道线就是像斑马纹那样的白色平行线。在人行横道上行人过马路才是比较安全的。

（6）隔离设施：目前比较常见的交通隔离设施就是绿化隔离带，还有隔离墩以及行人护栏。对行人安全的保护一般都是使用的行人护栏，这样行人就不能横穿马路走向行车道，同时避免了车辆进入人行道的可能。对机动车以及非机动车进行隔离的就是绿化隔离带以及隔离墩。

（7）交通信号灯：在十字路口处无论是哪一个方向都有红、黄、绿三色信号灯的悬挂，这个可以说是24小时的“交通警”。红绿灯作为一种信号灯，在国际上是统一的。停止信号用红灯来表示，而通行的信号是用绿灯来表示。在交叉路口所有方向的车都汇集于此地，有直行的车辆也有转弯的车辆，那么应该怎样行使，此时红绿灯就发挥了重要的作用。当红灯亮起的时候需要停止前行，同时也不能左转弯，不妨碍车辆和行人的状况下是可以右转弯的；绿灯亮起的时候，车辆可以直行或者转弯；如果黄灯亮起的时候，需要在路口的停止线内停车，或者是在人行横道线内停车；出现闪烁的黄灯时，这是对车辆起到一个警告的作用，那就是务必要注意安全。

（8）人车分流：在马路上，不但有来来往往的车辆，同样还有川流不息的人群。假设没有一定的规则来约束来往的车辆以及往返的行人，那么就会出现冲突与混乱。交通道路上对车辆以及行人的行走规则一般都用交通标线划出，在道路上，各种交通标志都是可以看到的。有特定含义的用文字和符号或者是图案来进行表示。对于这些标志我们需要爱护并且还要熟知，不可进行损坏或者是随意乱涂，同时对于上述的规定还需要自觉遵守。

（9）穿马路：在汽车的前后急穿马路是一种非常危险的行为。有的地方司机是看不到的，这个地方就称为“视线死角”。假设有人走到了这个位置，由于司机是看不到的，那么很容易就会发生车祸。因此在横过马路的时候，需要关注来往车辆，在确认没有来车的时候才可以开始过马路。

比较安全的做法就是走人行天桥或者是人行横道。

（10）汽车的“眼睛”：在汽车前面最大的两只“眼睛”就是“大光灯”。夜幕来临的时候，“大光灯”打开的时候就可以照亮前面的道路。同时还有两只小的“眼睛”在汽车的“大光灯”下，它们是直接连接车尾两边的两只“小眼睛”的，这个就是所谓的方向灯，用来指示方向的。还有两个红色的“眼睛”藏在汽车的尾部，这个称为刹车灯。如果驾驶员进行刹车的时候，就会出现发亮的这两只“红眼睛”，这个对于后面的车辆起到一个提示的作用，此时需要保持车距。除此以外，还有两只白色的“眼睛”在汽车的尾部，这个称为倒车灯，如果车主倒车时白色光线就会发出，有些车还有语音提示，如“倒车，请注意”，此时行人和其他车辆应及时避让。

（11）车辆转弯：汽车转弯的原理是否明确？汽车转弯依靠汽车前轮。由于不断转动的前轮，汽车的车身方向也会慢慢地发生改变。然而前后轮所经历的弧度是不一样的，具备一定的距离差，这个就称之为“内轮差”。所以，遇到转弯的汽车时，禁止靠得太近，前轮过去了后轮未必可以轻易过去。毕竟有“内轮差”的存在，假设太接近转弯的汽车，那么被后轮压伤的概率就会很大。

（12）集体外出：当集体外出活动的时候，队伍一定要带领好，无论是横还是列均不要超过两人。在行进的时候，需要在人行道上靠右侧行走。需要自觉遵守纪律，不可脱队，禁止追逐嬉闹，在交通堵塞的地方不停留不聚集，不影响车辆与行人的通行。在穿越马路的时候，通过时需要经由人行横道。如果暂时没有行驶的车辆，要快速通过马路。假设有较长的队伍很难及时通过马路的时候，就需要请求交警协助。

（13）车辆先行：在马路上经常遇到警报呼叫和警灯闪烁的车辆，一般这些都属于特种车辆，比如救护车或者消防车以及警车等等。这样的车辆担负的任务不但紧急而且还非常特殊。交通法已经明确规定：对于特种车辆，所有的行人以及车辆都必须给予避让。因此，假设我们在路上行走或者骑车的时候，就需要先让行这些特种车辆，务必不能抢道而行。

（14）不玩车：停在马路上的汽车是不可以随便“玩弄”的，还有的同学向行驶的汽车投放石块或者追车与拦车等等，把这样的方式看作一种乐趣。这种行为不但危险而且还非常的不道德，特别容易导致事故的产生。如果上述这种状况出现的时候，不但要提醒，而且还要第一时间进行劝阻。毕竟不论是追赶还是拦截行驶中的车辆，都极易造成车辆的碰撞，从而引发伤亡事故。

（15）文明乘车：当前，城乡道路上机动车、非机动车、行人非常多，交通事故频繁发生。为了乘车时的安全，我们必须增强交通法治观念。遵守乘车规定、遵守公共道德、注意交通安全。做到“高高兴兴上学，平平安安回家”，这是我们每个学生应尽的职责。

为了保障安全就需要乘车更加文明。在等待乘坐公共汽车的时候，需要有秩序地站在站台对车进行等候。车停稳之后不着急上车，乘客需要先下后上。上车后主动买票。主动给老弱病残孕及带小孩儿的乘客让座。车辆在行驶的时候要站稳或者坐好。无论身体的哪一部分都禁止伸出车外，在车内禁止喧哗，要文明乘车。下车时一定要注意安全，禁止猛跑过马路，也禁止突然从车前或者是车后穿出，这样可以极大程度避免伤亡事故的发生。

（16）过铁路：铁路道口特别复杂，而且交通也特别繁忙，需要通过道口的不但有行人和自行车，还有汽车以及火车等。为了确保车辆以及行人的安全，铁路的道口都会设置栅栏。当火车过来的时候，就会亮起红色的信号灯，此时就会关闭栅栏，禁止车辆和行人通行，等火车通过之后再前行。跨越栅栏和火车抢道是绝对不允许的。如果道口没有人看守，那就必须仔细观看左右，确认安全后才可以通行。

7.7.2 加强学生安全教育

人的意识可以通过教育来提升，同时还可以改变人的行为。交通事故要从根本上解决就需要加强交通安全的教育。安全交通要得到保障，那么就需要具备良好的自我防卫意识以及充足的交通安全知识。上述的工作一般从以下两个方面来进行，一个是系统教育，另一个是强化教育。基于系统教育，每个学生都需要学习学校下发的《交通安全教育手册》，学习交通安全方面的知识。重点有以下四个方面。

首先，交通安全方面的专业知识需要由专业的交通安全人员在课堂上或者是在指定的地点进行讲解，提醒学生外出时需注意的事项，同时还需要考核相关的交通安全知识，为通过考试的学生颁发对应的奖励。

其次，可以给孩子们播放一些交通事故的录像，通过一些悲痛以及惨烈的视觉冲击让学生对此教训记忆深刻，告诫学生遵守交通规则、珍爱生命。

再次，去儿童驾驶教育馆，在专业人员的保护下让儿童驾驶仿真小车，站在驾驶员的角度对步行者的安全进行考虑。

最后，进行模拟交通意外的训练。安排的内容是以下几个方面：紧急事故的应对，自我救助，还有他救，等等，培养对事情进行应急处理的能力。

7.7.3 学校安全管理

学生的自觉性由于教育而得到了提高，为了确保其安全，学校需要进行安全管理。在落实上，学校应从以下两个方面来进行。

首先，创建交通安全小分队，牵头者需要是校长，然后由教师来主抓交通安全，骨干就是每个班级的宣传委员以及班长。定期举办一些活动，在学校巡逻的同时还需要宣传交通安全方面的知识，起到时刻提醒同学们的作用。

其次，在上学或者是放学的时候，需要将一位值日的学生或者教师分配到路口，上身穿橙色马甲，手上戴红色的手套，在学生过街的时候为他们“发号施令”，指导学生排好小方队。为了起到强烈的警示作用，也可将彩色的绶带斜披在肩上。

7.7.4 提高学生与家长的安全意识

对学生进行交通安全教育对家长来说非常重要，孩子的交通安全意识会严重受到家长教育的影响，毕竟很多时候孩子出行都是在家长的带领下。

韩国对学生安全教育有着非常丰富的经验。专门设有学生交通安全体验馆，其中一共涵盖5个馆，分别是专门徒步的教育馆、直角转弯的教育馆、汽车模拟体验馆、汽车展馆、驾驶教育馆。学生在体验的时候，不但可以作为步行者而且还可以作为驾驶者，这样就可以正确理解交通安全知识，同时还可以培养危险情况下学生的应变能力。如果学生对于交通安全教育可以顺利完成，同时还可以通过考试的，那就可以获得有关交通安全的证书。

教育馆内的徒步，可以让学生了解步行过程中一些基本的交通规则。

教育馆内的直角转弯可以让学生了解汽车进行直角转弯时可能发生的危险。

体验馆内的汽车模拟可以让学生经由3D立体影像了解相关知识。

在汽车展馆内，可以了解并掌握汽车安全带的知识。

驾驶教育馆，可以站在驾驶员的角度，对步行者的安全进行思考。

7.3.5 关注儿童安全

对于儿童交通安全来说，此项工作不但艰巨而且还是长期的，需要全社会一起关心并一起努力。对于以上措施，我们需要根据自身的能力还有条件，进行选择性地实施。经过大家共同的努力，相信可以很好地解决儿童的交通安全问题。如此，基于健全的交通管理制度和良好的交通意识以及较好的学习交通规章的氛围，可以促使祖国的花朵茁壮成长，进而将其培育成国家的栋梁之材。尤其是低于13岁的儿童，尽量避免其在上学的时候自己骑自行车或者是单独乘车，减少交通事故的发生。

第8章　结论与建议

8.1 结　论

江苏省中学生对于防灾自救等方面的知识了解不全面，多数中学生对于应急教育持有不重视、不配合、不认真的态度，而且大部分学生身体素质、耐力、体能较差，在应急技能的学习过程当中就很容易出现各种突发事件，从而让学生们受到伤害。此外，江苏省很多学校的体育课都被其他文化课占了，这样就难以让中学生高效吸收应急体育的相关知识技能。

江苏省的中学生对应急避险知识的需求意愿强，但是目前各级学校对应急避险技能教育存在重理论而轻实践的问题，在应急教育的认知、课程设置、师资培训等方面也没有形成系统的应急避险教育教学模式。

在体育课程中开展应急避险能力教学具有得天独厚的优势。学校开展各项体育课程能有效地提高人体的各种与自救能力相关的基本素质，把各种应急避险知识和技能添加到学校体育课程当中去，不仅仅可以拓展学校体育课堂的内容，还可以提高体育教学的实用性和重要性。学校体育是开展生命安全教育的最佳载体，升华体育教学内容和价值的有效途径是在学校体育课中开展生命安全教育。

通过应急避险知识教学实践证明，在体育课程中融入应急避险的教育，对于提升应对突发事件的基本技能以及掌握相关知识来说还是非常有利的，可以提升学生的应急反应能力，通过丰富体育课的教学内容，有利于培养学生们互帮互助的团队精神。

生命安全教育视域下青少年应急体育教育系统构建应遵循学生的现实

需求，以学生为主体，激发学生学习的兴趣，教学方法个性化、教学评价多元化，将生命安全教育纳入学校体育教学中，加强师资培训和教材编写，通过理论课、实践课教学，加强对社会资源的利用，以保障应急教育的有效开展。

8.2 建　议

8.2.1 借鉴“八项原则”，提高应急体育教育重视度

2007年，美国联邦应急管理局应急管理研究所提出了“八项原则”。同时在国际应急管理者协会对此“八项原则”也进行了采纳，同时在全球范围内大力推广。这个“八项原则”是可以用于学校的。具体内容如下所述。

（1）综合化原则：针对不同阶段的工作和不同类型的灾害以及灾害不同的影响来完成相关的综合管理工作。

（2）针对性原则：针对以后会出现的灾害完成合理地评估和预防。

（3）风险驱动原则：基于风险分析和危害识别的相关结果来进行资源合理配置。

（4）统一原则：保证不同类型的组织和机构得到统一，从而使得推进工作可以有条不紊地进行。

（5）合作原则：保持个人以及组织之间的交流和沟通，从而提升内部的信任度，最终使得合作更加顺畅。

（6）协调原则：从不同层面协调关系，为目标的完成和实现一同努力。

（7）灵活原则：使用不同类型的方法，有效地开展工作。

（8）专业化原则：借助培训和教育以及实践将自身的专业化水平提升。

8.2.2 确立校园应急教育系统化发展目标

首先，学校应当确立主要的发展目标；其次，要制定出科学合理的长期计划方案。划分不同的阶段去培养和提高学生们的应急避险技能；再

次，学校还应当打造出属于自己的独特的应急文化。最后，还需要将应急体育教育纳入学校的规则制度当中，建立健全体育教师考核体系，对那些熟练掌握应急避险知识和能力的老师与同学给予表扬和嘉奖，而对那些表现不佳的师生则予以批评。

8.2.3 重视体育老师应急教育技能培训

体育老师是学校体育教育的主体，所以，应急体育教育最关键的一个环节也是体育老师。因此，必须重视体育老师的应急教育技能培训。只有体育老师充分地掌握应急教育技能、知识，才能够更好地对学生进行应急避险知识以及相关能力的教育。第一，教育技能培训要基于体育老师的需要，学校可以通过外聘专业人士来演示或者是讲授。第二，对老师的奖励需要与学校的应急体育教育成效相关，这样就可以最大程度挖掘体育老师在应急避险教育培训方面的能力。

8.2.4 各级学校加强应急体育教育和实践活动

各级学校在展开体育教学实践的时候，为了能够有效地提升学生们的应急避险技能，应当添加下述教学内容：应急避险意识教育、身体素质练习、应急避险技能知识等等。首先，体育老师需要针对自然灾难事件、暴力恐怖事件、社会突发事件、意外事件等各类事件进行具体讲解，还需要将应对方式进行拆分解释。其次，在进行体育课堂教学的时候，可以采取各种灵活多变的教学方式，比如情景模拟、小游戏等，让体育教学课堂更生动、更有趣，让学生们在玩游戏的过程当中学会应急避险知识和技能。再次，体育教师还需要教会学生们各种应急器材，比如救生衣、灭火器等的正确使用方法。另外，学生自己在课堂之外也可以进行身体锻炼，比如身体协调性锻炼、力量练习等等。通过举办各种应急避险教育实践活动，在不知不觉中让学生们的生命安全意识不断提升，也让学生们在这些活动过程当中学会各种应急避险知识和技能。

附　录

一、关于突发事件理论知识的试题

1. 下列哪个选项不是突发事件的特点？（　　）

A. 不确定性　　B. 被动性

C. 破坏性　　D. 突发性

2.《中华人民共和国突发事件应对法》颁布于哪年？（　　）

A. 2005年　　B. 2006年

C. 2007年　　D. 2008年

3. 下面哪一个不是应急预案编制步骤？（　　）

A. 创建编制小组　　B. 进行风险评价以及识别

C. 编制演练计划　　D. 应急预案的实施

4. 下面哪个不是应急救援队伍？（　　）

A. 志愿者队伍　　B. 新闻媒体

C. 专业救援队伍　　D. 综合性救援队伍

5. 一级预警发布的识别颜色是？（　　）

A. 红色　　B. 橙色

C. 黄色　　D. 蓝色

6. 为了减少或预防突发事件，对于一些由突发事件所引起的严重社会危害，国家建立统一领导、综合协调、（　　）、分级负责、属地管理为主的应急管理体制。

A. 分类管理　　B. 分步实施

C. 分别组织　　D. 集中管理

7. 对突发事件而言，无论哪一个地区或者是部门都需要健全（　　）机制，展开必要的风险分析，务必要达到早发现、早报告同时早处置。

A. 信息发布　　B. 评估

C. 预测预警　　D. 信息报告

8. 在事故发生后立马采取救援和应急行动的行为就是应急响应，应急响应涵盖以下哪几项？（　　）

A. 评估事故损失　　B. 信息收集和应急决策

C. 演练应急预案　　D. 创建应急队伍

9. 在事故发生后恢复工作应该立马进行，第一就是使事故（　　）可以达到相对安全的状态，接着再慢慢地恢复到正常的状态。

A. 引发地区　　B. 影响区域

C. 影响生产　　D. 发生区域

10. 对于突发事件预警信息来说，需要涵盖的信息具体如下，首先是突发事件的类别，（　　），还有起始时间和可能影响的区间，需要采取的措施和警示事项以及发布机关等。

A. 预警级别　　B. 事件经过

C. 公共信息　　D. 救援措施

11. 在结束那些应急处置工作尤其是重大或特别重大的突发事件以后，也可以是消除了相关的危险因素以后，现场的应急指挥机构给予（　　）。

A. 升级　　B. 解散　　C. 撤销　　D. 保留

12. 开展应急救援时，需要进行对应的交通管制，不论是对事故现场，还是对其相关的通道，对应急救援开设“（　　）”，确保可以顺利开展应急救援工作。

A. 特殊通道　　B. 绿色通道

C. 直线通道　　D. 快速通道

13.（　　）的应急能力，就是所有应急管理的基础。

A. 基层　　B. 政府

C. 专业指挥机构　　D. 专业救援队伍

14. 对一些相关责任人，如对突发事件的重要情况进行迟报或漏报甚至是瞒报与谎报的，或者是在应急管理工作中出现渎职甚至是失职的，那么就需要根据相应的规章进行处分；如果是已经构成犯罪的，需要按照法律追究其（　　）责任？

A. 民事　　B. 行政

C. 经济　　D. 刑事

15. 按照《中华人民共和国突发事件应对法》相关规定，县级人民政府需要在相关单位以及居民或者村民委员会创建专职或者兼职（　　）制度。

A. 经济管理员　　B. 信息报告员

C. 信息咨询员　　D. 社会监督员

16. 判断：对于现场应急处置人员来说，很难精准估计因突发事件造成的损失，因此要做好登记并记录这些损失，以后进行专业估算时可以有据可依。（　　）

17. 判断：所谓的突发事件应急处置评估就是对事前和事中及事后整个过程的每一项都进行处置的行为，其主要涵盖如下：第一是应急准备，第二是预警监测，第三是先期的处置，第四是扩大应急以及应急结束，最后就是后期的处置和恢复之后的重建等。（　　）

18. 判断：一般心理干预就是专业人员采取如沟通、开导还有安慰等方式，帮助那些在短期内心灵失衡的人员走出危机状态，及时恢复正常心理状态的一种心理治疗方式。（　　）

19. 判断：截至现在，我国按照公共卫生突发事件的特性还有危害的程度以及覆盖的区间，可以将公共卫生突发事件划分为特别重大Ⅰ级事件、重大Ⅱ级事件、较重大的Ⅲ级事件、一般的Ⅳ级事件，其预警分别用红色、橙色、黄色、蓝色来表示。（　　）

20. 判断：对社区应急能力进行建设就需要健全基层应急预案体系，也就是说不论是街道办事处还是乡镇人民政府，同时还有基层组织和单位对于发生在本单位或区域的突发公共事件，要使群众积极参与，同时还要多部门协调配合。（　　）

二、大学生应急体育问卷调查表

同学，你好！

应急体育是提升学生处理突发事件能力的教育，不仅要具备一定的身体或心理素质，同时还具备一定的避险技能，因此说是一项综合的能力。本问卷采取匿名制，全部的内容只用于学术，需要按照具体的状况进行填写。对您的帮助以及支持表示感谢！

——《青少年应急体育及实施路径相关研究》课题组

1. 你的性别是？（ ）

A. 女　B. 男

2. 你有遇到过非常危险的突发事件吗？（像地震、火灾、交通、溺水等突发事件）（ ）

A. 有　B. 无

3. 你有关注过应急避险方面的技能或者相关的知识吗？（ ）

A. 特别关注　B. 一般　C. 不关注

4. 在学校有学习过应急避险方面的知识吗？（ ）

A. 有　B. 无

5. 在面对突发事件时下面哪些应急的基本知识是你需要掌握的？（多选）（ ）

A. 造成突发事件的原因　B. 事件发生的走向分析

C. 突发事件发生的前兆　D. 最基本的救护常识

F. 心肺复苏相关知识

6. 面临突发事件时，你觉得需要具备哪些应急技能？（多选）（ ）

A. 跑步　B.攀登　C. 站立　D. 柔性

E. 跳高　F.滚动　G.游泳　F. 其他

7. 你个人更倾向于用什么方式获得应急避险教育方面的知识？（多选）（ ）

A. 杂志图书　B. 广播与电视

C. 学校相关课程　D. 多媒体

E. 其他

8. 你认为在遇到突发事件时自己可以做到紧急避险，安全逃生吗？（一至五分进行打分）

（完全不用）◎1　◎2　◎3　◎4　◎5（非常可以）

9. 你觉得对于应急避险的教育需要在课程中进行学习并锻炼吗？

（完全不用）◎1　◎2　◎3　◎4　◎5（非常必要）

10. 你觉得需要在体育课程中增加关于突发事件的教学吗？

（完全不用）◎1　◎2　◎3　◎4　◎5（非常有必要）

三、中学生应急体育问卷调查表

同学你好，为了了解江苏省中小学生的应急避险能力和学校应急体育教育的情况，设置如下不记名问卷，请您根据真实情况填写以下问题，谢谢您的帮助与支持！

1. 你了解应急体育吗？（　　）

A. 完全不了解　　B. 知道一点

C. 比较了解　　D. 非常了解

2. 你认为中小学生拥有良好的应急避险能力是否有必要？（　　）

A. 有必要　　B. 没必要　　C. 无所谓

3. 你认为应急体育教育是否适用于中小学生这一群体？（　　）

A. 适用　　B. 不适用

4. 你觉得哪些要素是中小学生在应急避险时必须具备的？（多选）（　　）

A. 优秀的身体素质

B. 游泳或者攀爬等特殊技能

C. 良好的心理素质

D. 其他补充______________

5. 你认为应急体育应该具备哪些素质？（多选）（　　）

A. 耐力素质　　B. 游泳或者攀爬等特殊技能

C. 心理素质　　D. 其他补充______________

6. 你认为在中小学生体育课堂中有必要增加应急体育知识的学习吗？（　　）

A. 有必要　　B. 没必要　　C. 无所谓

7. 你认为中小学生需要掌握的应急避险能力有哪些？（多选）（　　）

A. 消防器具的使用　　B. 攀爬技能

C. 游泳逃生技能　　D. 奔跑、翻滚、跳跃技能

8. 在上体育课的时候，为了提升应急能力，体育老师有没有安排对身体素质进行训练？（　　）

A. 没有　　B. 偶尔有

C. 经常有　　D. 每次体育课都有

9. 在遇到突发水灾时，你有把握使用游泳涉水技能求生吗？（　　）

A. 没有把握　　B. 有一点把握

C. 比较有把握　　D. 有把握

E. 非常有把握

10. 洪灾发生时，面对不断上涨的洪水，你有把握攀爬至电线杆、大树、铁塔、房屋建筑物的高处吗？（　　）

A. 没有把握　　B. 有一点把握

C. 比较有把握　　D. 有把握

E. 非常有把握

11. 已被卷入洪水中，你有把握抓握住固定物或大件漂浮物寻找机会逃生吗？（　　）

A. 没有把握　　B. 有一点把握

C. 比较有把握　　D. 有把握

E. 非常有把握

12. 人群拥挤，你不慎摔倒且无法起身时，你有把握快速向人群前进的侧向爬行，以便撤出人群吗？（应对踩踏事故）（　　）

A. 没有把握　　B. 有一点把握　　C. 比较有把握

D. 有把握　　E. 非常有把握

13. 如拥挤踩踏发生时，你携带了儿童，你有能力将儿童举过头顶，避免儿童受到挤压伤害吗？（ ）

A. 有能力　B. 不一定　C. 没有

14. 高楼发生火灾时，采取匍匐方式前进到紧急通道或者跟随人流迅速撤离你有多大的把握？（ ）

A. 没有把握　B. 有一点把握　C. 比较有把握

D. 有把握　E. 非常有把握

15. 你有把握利用通道、备好的绳索或缓降器等设施工具逃离火灾现场吗？（ ）

A. 没有把握　B. 有一点把握　C. 比较有把握

D. 有把握　E. 非常有把握

16. 泥石流发生时，你有能力快速向与泥石流垂直方向的两边山坡上部攀爬吗？（ ）

A. 有能力　B. 不一定　C. 没有

17. 体育课上，老师会不会教你遇到突发状况的应急方法？（ ）

A. 经常　B. 偶尔　C. 没有

18. 学校有没有进行过针对突发事故的演练？（ ）

A. 从来没有　B. 偶尔有　C. 经常有

19. 学校有没有针对应急教育进行过相关宣传？（ ）

A. 有　B. 很少　C. 没有

20. 每节体育课，老师教授多少学生？（ ）

A. 10个以下　B. 10—20　C. 20—30

D. 30—40　E. 40—50

21. 您认为应急体育宣传教育需要从哪些方面来实施？（多选）（ ）

A. 学校教育　B. 社会宣传　C. 教师培训

D. 国家重视　E. 家庭教育　F. 其他—

22. 你觉得在体育课上培养中小学生应急能力可能会有哪些困难？（请列举）

23. 你认为应急体育需要哪些身体素质？（请列举）

四、社区关于应急体育知识及避险能力的问卷调查

亲爱的社区居民，您们好！本问卷是为了调查社区群众的应急体育知识及避险能力，请您根据自身的实际情况作答，你所提供的信息将会为我们的研究提供更多真实可靠的信息和巨大的帮助。非常感谢您的支持！

1. 您的性别是？　（　　）

A. 男　　B. 女

2. 您的年龄是？　（　　）

A. 30岁以下　　B. 30—50岁　　C. 50岁以上

3. 您平时进行体育锻炼吗？　（　　）

A. 总是　　B. 经常

C. 偶尔　　D. 从不

4. 您平时选择的锻炼方式是？　（　　）

A 跑步　　B. 健身　　C. 球类运动

5. 您一周参加锻炼的次数是？　（　　）

A. 1—2次　　B. 3—5次　　C. 5次以上

6. 您的小区附近是否有体育锻炼场所？　（　　）

A. 有　　B. 没有

7. 您对应急体育是否了解？（　　）

A. 从未听说　　B. 听说但不太了解

C. 基本了解　　D. 比较了解

E . 非常了解

8. 您所知道的突发事件有哪些（多选题）（　　）

A. 洪水　　B. 海啸　　C. 地震

D. 泥石流　　E. 山体滑坡　　F. 交通事故

G. 恐怖暴力事件　　H. 补充 ____________

9. 您认为在您的身边会发生应急事件（比如洪水、地震、火灾、暴力恐怖事件）吗？（　　）

A. 会　　B. 不确定

C. 不会　　D. 我认为还可能会发生：____________

10. 如果面对应急事件，您认为自己是否有避险能力？（　　）

A. 有　　B. 不确定　　C. 没有

11. 您认为在这些突发事件中自身应具备哪些能力才可以安全脱险？(多选题）（　　）

A. 力量　　B. 速度

C. 反应能力　　D. 对事故的分析和判断能力

E. 柔韧　　F. 耐力

G. 心理素质　　H. 其他 ____________

12. 如果在您身边发生应急事件，您认为自己的身体素质和体育应急知识能够保护自己吗？（　　）

A. 体力欠缺　　B. 身体素质欠缺

C. 体力和身体素质都不足　　D. 可以保护自己

13. 您认为良好的身体素质和应急知识在发生应急事件时能否使自己减轻伤害？（　　）

A. 能　　B. 不确定　　C. 不能

14. 如果在您身边发生应急事件，您是否能立即想出相对应的应急知识？（　　）

A. 能　　B. 不确定　　C. 不能

15. 如果有应急知识教育，您认为自己哪些方面还需要进一步学习？（多选题）（　　）

A. 力量　　B. 速度

C. 反应能力　　D. 对事故的分析和判断能力

E. 柔韧　　F. 耐力

G. 心理素质　　H. 其他 ____________

16. 作为社区居民，您在日常生活中是否需要这些基本的应急常识？（　　）

A. 需要　　B. 不需要　　C. 无所谓

17. 您所在的社区是否进行过体育应急知识宣传？（　　）

A. 定期　　B. 偶尔　　C. 几乎没有

18. 如果在小区内进行体育应急知识教育学习与宣传，您认为哪种方式比较合适？（　　）

A. 讲座　　B. 社区橱窗展示　　C. 社区微信公众号推送

19. 您所在的小区应急设备（消防栓、灭火器）是否安全？（　　）

A. 安全　　B. 存在隐患　　C. 不太在意

20. 您所在的社区应急信息传递是否及时？（　　）

A. 及时　　B. 不及时　　C. 没有信息传递系统

参考文献

[1] Hogan A. Sport——related concussion care in the emergency department: What every ED nurse needs to know[J]. Canadian Journal of Emergency Nursing, 2013.

[2] Yang X. Public Health Emergency Health Education Basic Strategies Discussed in this Paper[J]. Guangdong Trace Elements Science, 2017.

[3] Olshansky S J. Life expectancy and education: the author replies.[J]. Health Affairs, 2013, 32(4):822.

[4] 杨慧敏.美国基础教育[M].广州:广州教育出版社, 2004.

[5] 张学忠.学校体育教学论[M].北京:高等教育出版社, 2002.101.

[6] 朱继华，潘志军.大学生运动与健康[M].北京:高等教育出版社, 2011, 9.

[7] 沈家聪.体育与健康[M].北京:北京体育大学出版社, 2004, 10.

[8] 甑守文.学校安全管理一本通[M].北京:中国市场出版社, 2019.8.

[9] 刘德,王华倬.生命安全教育:体育教育的本源回归探索[J].北京体育大学学报, 2015, 38(07):112-116+127.

[10] 季浏.我国《普通高中体育与健康课程标准(2017年版)》解读[J].体育科学, 2018, 38 (02):3-20.

[11] 林见鑫,姚卫光,张茹茹,等.广东省大学生健康教育现况与健康知识认知情况调查[J].现代预防医学, 2013(7):1292-1293.

[12] 李新威，李薇.以人为本视域下我国学校体育发展中的问题[J].体育学刊, 2016, 23 (05):110-114.

[13] 崔洁, 贾洪洲, 刘超, 等.基础教育体育与健康课程改革的理论基础及其体现[J].北京体育大学学报, 2019, 42(03):121-129.

[14] 朱力.突发事件的概念、要素与类型[J].南京社会科学, 2007, 11:82-88.

[15] 杜永红.灾害教育:从失衡走向平衡[J].教育研究与实验, 2010(5):70-75.

[16] 王强, 闵彬彬．论体育教学中学生应急避险能力的培养[J]. 体育科技文献通报, 2011, 19(1):36-37.

[17] 陶应勇,蒙斌．高校应急管理体系研究[J]. 南京理工大学学报(社会科学版), 2009, 22(60):104-107+120.

[18] 靳春菊．学校体育应加强对学生应急避险能力的培养[J]. 体育教学, 2009, 9:66.

[19] 林玉蓉．浅析高校突发事件的应急处置——以急病事件为例[J]. 科教文汇旬刊, 2014 (25):203-204.

[20] 李海燕， 张红兵．青少年应急体育研究[J]. 南京工程学院学报, 2019, 19(1):85-86.

[21] 董伯云．人本主义视野下学校体育纳入应急体育教育的研究[J]. 南京体育学院学报 2017(1); 113-117.

[22] 刘璐．高校体育课开设灾害教育的可行性分析[J]. 广西教育, 2010(9):26-27.

[23] 王民,史海珍,张英．我国公众灾害教育研究综述[J]. 防灾科技学院学报, 2011, 13 (3):83-87.

[24] 周波．承担应急避险教育是学校体育课程的义务[J]. 新课程研究:基础教育, 2009 (4):184-185.

[25] 吴路珂．应急教育——教育研究中不可缺少的领域[J]. 外国教育研究, 2010(5): 52-57.

[26] 郑菊花, 钱建江．国内外自然灾害教育研究综述[J]. 绥化学院学报, 2008, 28(1): 178-180.

[27] 郭沛．我国高校危机教育与大学生应急能力培养研究[J]. 教学研究, 2013, 36(3):5.

[28] 唐宏贵, 李双成, 黄靖,等．俄罗斯“生命安全教育”对我国学校体育的启示[J]. 体育学刊, 2004, 11(6):69-71.

[29] 王志强．灾难教育中的学习资源开发: 来自国外的经验与启示[J]. 比较教育研究, 2008 (10):86-90.

[30] 魏红．国外儿童的安全教育 [J]. 劳动安全与健康．2001(8): 52.

[31] 程显姝．国外体育教学模式对我国体育课程发展的启示[J]. 才智, 2015(18):22-24.

[32] 陶永仲．国外学校体育课程改革对我国体育课程的启示[J]. 贵州民族大学学报(哲学社会科学版), 2007(4):182-185.

[33] 朱晓东．加强中学教材中的灾害教育[J]. 科学大众:科学教育, 2013(12):124-124.

[34] 林涛,林毓铭．美国应急教育的借鉴与启示[J]. 中国应急管理, 2012(2):51-55.

[35] 苏守杰．汶川大地震:直指学校生命安全教育[J]. 江苏教育研究, 2008(22):16-18.

[36] 刘卫东,王璐,王莉娜,等．淮安市大学生安全应急与避险知识现状及影响因素分

析[J]. 海南医学, 2017, 28(2):316-319.

[37] 刘颖,郝艳华,孙宏,等 . 黑龙江省高校大学生突发事件应急知识水平现状及影响因素分析[J]. 中国学校卫生, 2015, 36(3):330-332.

[38] 许弘,李先雄 . 改革开放40年学校体育发展的回顾与新时代改革发展的新定位和新视角[J]. 北京体育大学学报, 2019, 42(05):34-43.

[39] 于素梅 . 体育课程实施中教育内容的缺失及根源反思[J]. 成都体育学院学报, 2016, 42(05):10-15.

[40] 殷荣宾,季浏,蔡赓 . 基础教育学校体育课程内容选择及价值取向的演变与诉求[J]. 武汉体育学院学报, 2017, 51(02):81-86.

[41] 卢元镇 . 体育的本质属于生活[J]. 体育科研, 2006(04):1-3.

[42] 彭泽平,李礼,罗珣 . 新中国70年中学体育课程改革的历史经验[J]. 天津体育学院学报, 2019, 34(05):373-380.

[43] 李松泰 . 体育与健康教学评价改革的教育学溯源与启示研究[J]. 教育与职业, 2019 (24):185-187.

[44] 侯吉林 .《体育与健康》教学评价现状的不足及其发展趋势[J]. 渤海大学学报(自然科学版), 2006(04):392-395.

[45] 苏润忠 . 谈体育情景教学[J]. 广西教育学院学报, 2008(3):168-169.

[46] 胡志坚 . 观念的转变:体育新课程标准解读[J]. 成才, 2004(12).

[47] 杨小微 . 从实施到开发:国家课程校本化的新走向[J]. 课程 . 教材 . 教法, 2019, 39 (05):44-49.

[48] 季晓艳,贾洪洲 . 新时期我国体育课程研究回顾与展望[J]. 体育学刊, 2015, 22(01): 75-79.

[49] 胡庆山, 郭敏, 王健 . 我国体育课程实施研究评析[J]. 北京体育大学学报, 2012, 35 (02):77-82.

[50] 王放 . 促进体育教师教学综合技能训练的新探索——评《体育教师教学综合技能训练理论与实践》[J]. 大学教育科学, 2017(05):142-143.

[51] 刘艳华 . 高校突发事件应对与思政教育创新探析[J]. 江苏高教, 2017(06):83-85.

[52] 童建国 . 学校体育开展生存训练可行性研究[J]. 安阳师范学院学报, 2004(5):98-99.

[53] 薛武,李维希,苏桂范,等 . 在大学体育课中通过体育锻炼开展生存教育的重要意义[J]. 吉林体育学院学报, 2007(6):110-111.

[54] 王能武 . 高校安全教育研究[J]. 江西警察学院学报, 2008(3):125-128.

[55] 定向运动简介 . tepp//www.baike.baidu.com.2015-11-29.

[56] 定向越野课程.上海轩特定向越野拓展训练课程. tepp//www.lidiantz.com. 2019-10-12.

[57] 定向越野的技能.大自然拓展训练营. tepp//www.godzr.com. 2013-5-5.

[58] 周四梅.高校安全教育研究综述[J].文艺生活旬刊,2010(11):159-159.

[59] 李腊.浅谈国内外高校安全教育研究现状及安全教育的意义[J].新一代月刊,2015(1).

[60] 杨福盛.浅谈高校大学生安全教育的现状及策略[J].投资与合作,2014(10):376.

[61] 刘贺.浅析当代高校大学生安全教育面临的问题及对策分析[J].明日风尚,2017(11).

[62] 中华人民共和国中央人政府.《校车安全管理条例》[R].北京2012年,第617号.

[63] 中华人民共和国.《中学幼儿园安全管理办法》[R].北京2006年,第23号.

[64] 中华人民共和国教育部.学生伤害事故处理办法[R]. 2002.

[65] 陈辉.《汽车社会蓝皮书》tepp//www.china.com.cn. 2013-01-24.

[66] 道路交通安全知识.法律快车.tepp//www.lawtime.cn. 2010-12-07.